Dieses Buch widme ich meinen Eltern Edith und Paul Kappest.

Ohne ihre Unterstützung hätte ich meine Träume nicht verwirklichen können.

Der Nationalstaat Norwegen ist im 11. Jh. durch die Vereinigung verschiedener Wikinger-Kleinkönigreiche entstanden. Heute noch fühlen sich die Norweger als Erben der Wikinger. Auf dem Björkedalsvatn in der Gemeinde Volda bei Ålesund fährt ein Wikingerboot, ein Nachbau eines historischen Schiffes.

Klaus-Peter Kappest

Norwegen

per Hurtigrute

Ein Verkehrsmittel für Individualisten

Rasch & Röhring • edition *interregio*

Wo immer es möglich ist, bleiben die Schiffe der Hurtigrute hinter einer Kette schützender Inseln, so dass die Passagiere den Wellen der nördlichen Meere nur über kurze Strecken direkt ausgesetzt sind. Viele dieser Schären sind unbewohnt. Auf der Inselgruppe der Nordgjæslingan südlich von Rörvik hinter dem Leuchtturm Grinna fyr sind nur ein paar Seevögel zu Hause.

Die Deutsche Bibliothek – CIP Einheitsaufnahme

Norwegen per Hurtigrute,
Ein Verkehrsmittel für Individualisten
Klaus-Peter Kappest, Steinfurt
Edition Rasch & Röhring, 2003
ISBN 3-934427-27-8
NE: Kappest, Klaus-Peter

2. Auflage 2004

Siemensstraße 4, D-48565 Steinfurt

Layout: Jan Tölle
Redaktion und Lektorat: Stefanie Tecklenborg
Gesamtherstellung:
Druckhaus Tecklenborg, Steinfurt

Verlag und Autor garantieren, dass es sich bei den Fotografien in diesem Werk um Originalaufnahmen handelt, die nicht digital verändert wurden.

ISBN 3-934427-27-8

Inhalt

Abendstimmung am Hadselfjord zwischen Lofoten und Vesterålen.

Gedanken des Autors

Zu mir hat einmal ein Norweger gesagt, es sei der Zauber eines Trolls, der dafür sorgt, dass derjenige, der einmal von der Faszination Norwegens gepackt wurde, nie wieder davon los kommt. Vermutlich ist das wahr. Etwas von diesem Zauber soll dieses Buch vermitteln. Dabei gilt besonders auch in Norwegen der Satz: „Der Weg ist das Ziel“. Klangvolle Namen wie „Geirangerfjord“, „Lofoten“ und „Nordkap“ suggerieren, es gäbe in Norwegen punktuelle Sehenswürdigkeiten wie die historischen Gebäude einer Stadt. Diese Punkte sind eindrucksvoll, aber nicht so viel eindrucksvoller als die übrige Landschaft, wie es uns die Werbung manchmal glauben machen möchte. Diese Landschaft bildet nur das Instrument, auf dem erst Licht und Wetter die „Musik“ schaffen. Wer das Land wirklich kennenlernen will, muß sich auf das Spiel von Licht und Wetter einlassen. Norwegen kann man nicht auf einer einzelnen Reise „erfahren“. Man muß immer wieder hinfahren, bekanntes buchstäblich in einem neuen Licht sehen und dort verweilen, wo es einem am besten gefällt. Diesem Gedanken folgt dieses Buch. Es gibt keinen durchgehenden Text. Bilder geformt von Licht bilden die Eckpunkte. In den kurzen Texten dazu verbirgt sich manchmal informatives und manchmal unterhaltsames, manchmal persönliches und manchmal allgemeines. Wenn Sie das Buch immer wieder in die Hand nehmen und dabei immer wieder Neues entdecken, habe ich mein Ziel erreicht.

Wie ein Symbol für das Leben an der Barentsee: Ein einsames Fischerboot fährt im Licht der Mitternachtssonne in den Varangerfjord bei Vadsø ein.

Sonnenschein und ruhige See wechseln sich an manchen Tagen im Minutentakt mit Regen und Sturm ab, wie hier bei Kabelvåg auf den Lofoten. Bis zum Ende des 19. Jh. hat es kein Kapitän gewagt, ohne Not an dieser Küste nachts unterwegs zu sein. Inseln, Riffe, Untiefen, enge Sunde, gefährliche Strömungen und vor allem das unberechenbare Wetter bilden auch heute noch eine Herausforderung für jeden Seemann.

Einleitung

Norwegen ist ein Land, das in weiten Teilen aus einer verästelten Küste mit etwas Hinterland besteht. Welche schönere Art könnte es also geben, dieses Land zu entdecken, als von der Seeseite. Dort verkehrt die Hurtigrute als eines der traditionsreichsten, öffentlichen Verkehrsmittel des Landes. Sie ist eine Art „Straßenbahn auf dem Wasser", die es erlaubt, sich eine Reise individuell zusammenzustellen, dabei sind der Kreativität der Reisegestaltung keine Grenzen gesetzt. Bei welcher Seereise gibt es das sonst noch? Zur Sicherheit sollte man aber die Einzeletappen vorbuchen, denn wer einfach unangemeldet in einen der Häfen kommt, kann nur dann an Bord eines Schiffes, wenn noch ein Platz frei ist. Eine Art „Hurtigrutenpass" gibt es leider nicht. Wer einmal ein Ticket für die Gesamtreise gebucht hat, kann sie nicht mehr individuell unterbrechen.

Auf den folgenden Seiten werde ich Ihnen eine kleine, ganz persönliche Auswahl dessen zeigen, was man in Norwegen entdecken kann, wenn man sich seine ganz eigene Hurtigrutenreise zusammen baut. Bei demjenigen, dessen persönliche Zusammenstellung anders ausgesehen hätte, möchte ich mich sofort entschuldigen. In einem Land, das so viel zu bieten hat wie Norwegen, kann jedes Buch nur eine sehr kleine, individuelle Auswahl zeigen, die viel Erwähnenswertes ausläßt.

Die Kapiteleinteilung des Buches spiegelt weniger geographische Gegebenheiten wider, als vielmehr reiseorganisatorische. Die Scharnierstellen der Kapitel Bergen, Trondheim, Bodø und Tromsø bilden jeweils verkehrstechnische Zentren. Die Anbindung an andere öffentliche Verkehrsmittel ist dort besonders gut und auch das Angebot an Mietwagen ist größer als anderenorts. Diese Orte sind besonders gut als Anfangs- oder Endpunkte einer individuellen Hurtigrutenreise geeignet. Auch das Nordkap ist ein markanter Drehpunkt.

Bilder und die zugehörigen Texte, die das zeigen, was die Kreuzfahrt mit ihren offiziellen Ausflügen bietet, sind zur leichteren Orientierung mit dem Logo eines Segelschiffes gekennzeichnet.

Entgegenkommende Schiffe der Flotte werden nicht nur mit dem Nebelhorn, sondern auch mit Bett- und Tischtüchern begrüßt.

Die Hurtigrute

Lange Winternächte prägen den Norden Norwegens. Nördlich des Polarkreises geht für ein paar Wochen die Sonne gar nicht mehr auf. In einer Zeit, als aus Sicherheitsgründen die Transportschiffe nur bei Tageslicht unterwegs waren, brauchte die Post von Trondheim in den hohen Norden oft viele Wochen. Noch im 19. Jahrhundert wurde sie mit Schiffen transportiert, die nach der Art der Wikingerschiffe von Ruderern angetrieben wurden. Alle drei Wochen kam ein Boot. Straßenverbindungen zu den Küstenstädten im Norden gab es nicht. Sie entstanden meist erst in der 2. Hälfte des 20. Jahrhunderts. Im Juli 1893 wagte es Kapitän Richard With aus Stokmarknes auf der Inselgruppe der Vesterålen mit seinem gleichnamigen Dampfschiff erstmals, Tag und Nacht zu fahren. Auf seiner ersten Fahrt von Trondheim nach Hammerfest wurde er in allen Häfen der Küste stürmisch begrüßt. Die Schiffe seiner Linie waren von nun an das ganze Jahr über rund um die Uhr unterwegs und damit viel schneller, als alle Schiffe zuvor. Man nannte sie deshalb einfach „die Schnellverbindung", was auf norwegisch „Hurtigruten" heißt. Bald schon wurde die Strecke der Hurtigrute bis nach Bergen im südwestlichen Fjordland und nach Kirkenes an der russischen Grenze ausgedehnt. Für die nächsten 100 Jahre bildete sie die Hauptschlagader des

Hurtigrutenschiffe sind Fracht- und Passagierschiffe. Den traditionellen Schiffen wie der Harald Jarl (oben) sah man das schon auf den ersten Blick an, bei der Nordkapp (unten) und den anderen neuen Schiffen fällt es erst beim Be- und Entladen auf. Bei der Nordkapp können bis zu 50 Autos einfach an Bord fahren. Für den Reisenden, der sein Auto mitnehmen möchte, eine große Erleichterung.

Nordens. Sie bewirkte dort einen wirtschaftlichen Aufschwung, der nur mit dem norwegischen Ölboom im 20. Jh. vergleichbar ist. Durch das Öl wurde Norwegen zu einem reichen Land, das es sich leisten kann, neue und schnelle, Verkehrswege die heute den Norden des Landes mit dem Süden verbinden, zu realisieren. Ein engmaschiges Netz von Regionalflugplätzen kommt hinzu. Ein Großteil der Post wird schon länger nicht mehr mit der Hurtigrute transportiert. Auch im Fracht- und Passagiergeschäft hat die Hurtigrute viele Kunden an andere Verkehrsmittel verloren. Aufgrund ihrer schwindenden Bedeutung für die Versorgung des Nordens wurden der Hurtigrute inzwischen auch die staatlichen Subventionen gestrichen. Trotzdem reisen heute mehr Menschen als je zuvor mit der Hurtigrute. Schon zu Beginn des 20. Jahrhunderts haben erste Touristen die damals abenteuerliche Postschifflinie für sich entdeckt. Heute hat die Reederei die Strecke, den Service und die neuen Schiffe ganz nach ihren Bedürfnissen ausgerichtet. Schmerzlich für viele Fans der Linie war im Jahr 2002 der Abschied von den traditionellen Schiffen mit ihrer familiären Atmosphäre. Mit neuen, noch komfortableren Schiffen für hunderte von Passagieren startet die Hurtigrute jetzt in das neue Jahrtausend. Jeden Tag verlässt eines der modernen Kreuzfahrtschiffe den Hafen von Bergen. Elf Tage lang ist es Tag und Nacht unterwegs auf seinem Weg bis Kirkenes an der russischen Grenze und wieder zurück nach Bergen. In 33 Häfen macht es dazwischen Station. Alle Häfen, die auf dem Weg nach Norden in der Nacht angelaufen werden, erreicht das südgehende Schiff am Tag. Leider ist die Liegezeit in den meisten Häfen nur sehr kurz. Für ausgedehnte, individuelle Landausflüge bleibt da keine Zeit. Es ist aber grundsätzlich möglich, in jedem Hafen die Reise zu unterbrechen und Ausflüge in eigener Regie zu unternehmen. Nach ein paar Tagen fährt man dann mit einem anderen Schiff weiter. Nimmt der Reisende diese Möglichkeit Teilstrecken zu fahren wahr, sollte er in der Nordhälfte der Strecke das südgehende Schiff bevorzugen. Die nordgehenden Schiffe passieren viele landschaftliche Höhepunkte in der Nacht, wie beispielsweise Raftsund und Trollfjord auf den Lofoten oder den Torghatten bei Brønøysund (und wenn nicht gerade die Mitternachtssonne scheint, sieht man nichts). Im Süden ist es umgekehrt: nur das nordgehende Schiff macht einen Abstecher in den berühmten Geirangerfjord. Diese Chance zu einer maßgeschneiderten Kombination aus Kreuzfahrt und Individualreise bietet keine andere Seereise der Welt. Wer das Schiff für seine Landausflüge nicht wechseln möchte, hat die Möglichkeit, an von der Reederei angebotenen Busausflügen teilzunehmen.

An jedem Abend begegnen sich auf der Ostseite der Lofoten zwischen Stamsund und Svolvær das nord- und das südgehende Schiff der Hurtigrute. Nach alter Tradition wird das entgegenkommende Schiff mit dem Nebelhorn begrüßt.

Mit dem Dampfschiff „Vesterålen" unter Kapitän Richard Wirth leutete die Hurtigrute den größten wirtschaftlichen Aufschwung in der Geschichte Nordnorwegens ein.

„Mein Schiff“

Der Chefingenieur der Harald Jarl (rechts), hatte eine ganz besondere Beziehung zu „seinem Motor“. Für ihn war der Abschied von diesem Schiff besonders schwer.

Meine erste Hurtigrutenreise machte ich vor beinahe 15 Jahren an Bord der MS Harald Jarl (oben). Für mich war sie seither immer das stimmungsvollste Schiff der Flotte. Aber vielleicht sagt das jeder echte Hurtigruten-Fan von dem Schiff, auf dem er seine erste Reise gemacht hat. Die Harald Jarl bot noch wirklich die Atmosphäre eines polaren Küstenschiffes. An Bord roch es nach Salzwasser, Tang, Farbe und Öl. Auf den modernen Schiffen der Hurtigruten-Flotte duftet es dagegen nach Air-Fresh aus der Klimaanlage, und unter Deck kann man meist nicht feststellen, ob das Schiff im Hafen liegt oder auf See ist. Anders auf den Veteranen: Passagiere spürten jede Bewegung – was zuweilen unangenehm sein konnte. Durch die viel geringere Passagierzahl entwickelte sich auf der Harald Jarl eine fast familiäre Atmosphäre. Jeder Reisende durfte den offenen Teil der Brücke betreten und der Crew über die Schulter schauen (ganz links). Leider ging sie im Oktober 2001 außer Dienst. In ihren über 40 Jahren im Dienst der Hurtigrute hat sie 2,8 Millionen Seemeilen zurückgelegt – fast 129 Mal um den Äquator! Die Stromgeneratoren standen in dieser Zeit kein einziges Mal still. Der Hauptmotor war legendär und zuletzt einzigartig in seiner Konstruktion.

Im Mai 2002 fuhr die MS Lofoten, das letzte der traditionellen Schiffe der Hurtigrute, offiziell das letzte Mal im regulären Liniendienst. Neben der MS Nordstjernen bleibt sie aber im Besitz der Reederei. Während die noch ältere MS Nordstjernen vor allem für Kreuzfahrten nach Spitzbergen eingesetzt wird, bleibt die MS Lofoten als Ersatzschiff in der Flotte.

Die ältesten, noch im regulären Liniendienst eingesetzten Schiffe sind die der sog. „Mittleren Generation" wie die MS Vesterålen. Ebenso wie ihr Schwesterschiff, die MS Narvik, wird aber auch sie vermutlich in den nächsten Jahren durch ein größeres Schiff ersetzt.

Die Schiffstypen

Die MS Nordnorge gehört zu dem Schiffstyp, der heute am häufigsten auf der Hurtigrute eingesetzt wird. Weitere Schiffe dieses Typs sind die MS Polarlys, die MS Nordkapp, die MS Nordlys, die MS Richard With und die MS Kong Harald. Diese Schiffe bieten jeden Komfort, den man von einem modernen Kreuzfahrtschiff erwarten kann. Gelegentlich werden sie deshalb von der Reederei außerhalb Norwegens für eine Kreuzfahrt eingesetzt – zum Beispiel in die Antarktis.

Foto: NSA, Hamburg

Die MS Trollfjord ist das größte, komfortabelste und modernste Schiff der Hurtigrute. Riesige Glasflächen bieten einen windgeschützten Panoramablick. Zusammen mit ihrem Schwesterschiff MS Midnatsol und der ebenfalls neuen MS Finnmarken zeigt die MS Trollfjord, welchen Schritt die Reederei ins neue Jahrtausend geht.

Anreisewege

Der schnellste Weg zum Ausgangspunkt der Hurtigrute in Bergen führt natürlich durch die Luft. Bergen hat einen internationalen Flughafen mit Direktverbindungen aus Deutschland – z.B. von Hamburg aus. Das Motto der Hurtigrute lautet aber: „Der Weg ist das Ziel", und das bedeutet meiner Meinung nach, dass eine langsame und ganz bewußte Anreise zu Wasser oder über Land dazu gehört. Wer mit dem eigenen Auto in den Norden aufbricht, kann auf der Fahrt durch Dänemark, Südschweden und Südnorwegen bereits die langsame Veränderung der Landschaft auf dem Weg nach Norden erleben. Ohne Auto bietet es sich an, die bequeme Fährverbindung von Kiel nach Oslo zu nutzen und in Norwegen mit der Bahn weiterzureisen. Ein Besuch in Norwegens Hauptstadt und eine Fahrt mit der Bergenbahn über das Hochplateau der Hardangervidda zählt sogar mit zu den traditionellen Attraktionen einer Hurtigrutenreise.

Auf der Fährfahrt im Skagerak von Fredrickshavn nach Göteborg (links). Diese Stimmungen sind typisch für den Norden: Wenn an einem regnerischen Tag kurz vor Sonnenuntergang die Wolkendecke aufreißt, werden der Himmel und alle Wasserflächen von einem Farbenmeer überflutet – auch am größten See Schwedens, dem Vänern bei Vänersborg (unten).

Von der Brücke nach Smögen hat man einen schönen Blick auf Kungshamn (oben). Kleine Fjorde geben hier schon einmal einen Vorgeschmack auf die norwegische Küste.

Seit dem Jahr 2000 verbindet die Öresundbrücke Kopenhagen mit Malmö. Das Herzstück, die Hochbrücke, ist 1,6 km lang und hat eine lichte Durchfahrtshöhe für Schiffe von 65 m. Zusammen mit den Anschlussbrücken, einem Tunnel und dem Weg über eine künstliche Insel ist die Straße über den Öresund 16 km lang.

Schwedens Westküste

Entlang von Kattegat und Öresund erstreckt sich zwischen Malmö und dem Svinesund die Westküste Schwedens mit malerischen Orten wie Skärhamn (oben). Der schönste Küstenabschnitt liegt nördlich von Göteborg.

Wer auf dem Landweg nach Oslo unterwegs ist, tut gut daran, nördlich von Göteborg die Autobahn zu verlassen und unmittelbar an der Küste den Ausblick auf die Schären zu genießen. Zu den schönsten Orten, die man dort entdecken kann, gehört Smögen.

Im alten Hafen von Oslo liegen immer ein paar Segelschiffe am Kai. Die ewige Flamme, die seit ein paar Jahren genau gegenüber des Rathauses auf der Kaimauer brennt, soll an die vielen ehrenamtlichen Helfer erinnern, die überall auf der Welt Hilfestellungen der verschiedensten Art leisten.

Oslo – Stippvisite in der Hauptstadt

Obwohl Norwegens Hauptstadt Oslo noch weit südlich des Polarkreises liegt, spürt man auch dort im Juni und Juli einen Hauch von Mitternachtssonne. Die Uhr am rechten Turm des Osloer Rathauses zeigt, dass ich dieses Bild kurz vor Mitternacht aufgenommen habe. Dunkler wird es im Sommer nicht mehr. Zu keiner anderen Jahreszeit ist die Stadt zu nächtlicher Stunde so lebendig wie im Juni und Juli außer vielleicht am 17. Mai, dem norwegischen Nationalfeiertag.

Das norwegische Parlamentsgebäude Storting liegt inmitten der Altstadt von Oslo. Statt von Sicherheitsbeamten ist es im Sommer von Jugendlichen umgeben, die hier die Sonne genießen.

Neben zahlreichen Museen warten auch viele historische Bauwerke auf den Oslo-Besucher, wie die mittelalterliche Festung Akershus am alten Hafen, auf deren alten Mauern sich ein sehenswertes Renaissanceschloss erhebt. Ein Teil der königlichen Garde ist hier untergebracht.

Durch das Herz Südnorwegens

In allen Tälern Südnorwegens gibt es liebevoll gepflegte Heimatmuseen, die einen Besuch wert sind. Eine alte Dorfschule zeigt das Museum in Dagali bei Geilo (links). Die Bauernstube mit der Kinderwiege steht heute im Museum von Utne am Hardangerfjord (unten).

Auf der südlichen Route von Oslo nach Bergen passiert man bei Heddal in der Telemark die größte und später bei Eidsborg (links) eine der kleinsten Stabkirchen Norwegens. Vermutlich wurde sie bereits um 1250 errichtet. Die Stabkirchen verbinden die Baukunst und Holzverarbeitungstechnik der Wikinger mit christlicher Religion und Kultur. In ihrer wechselvollen Geschichte wurden sie oft umgebaut und mit neuer Ausstattung versehen. Trotzdem weisen viele von ihnen noch Reste heidnischer Symbole auf – wie Drachenköpfe auf dem Dachfirst und Bilder aus der nordischen Mythologie im Schnitzwerk.

Die beste Jahreszeit, um Elche zu beobachten, ist die Brunftzeit im Oktober, hierzu fährt man am besten in der Dämmerung über eine der Nebenstraßen in der Telemark, im Numedal, Hallingdal oder Valdres. Solange man Abstand hält und das Auto nicht verlässt, hat man gute Beobachtungschancen. Bei der Fahrt ist aber Vorsicht geboten. Elche tauchen oft sehr überraschend aus dem Dickicht auf. Wer ganz sicher gehen will, nimmt am besten an einer organisierten Elchsafari teil.

Über die Berge des Fjordlands

Frühling in Norwegen: Die Dörfer – wie das komplett unter Denkmalschutz stehende Dorf Aga am Westufer des Sørfjords (oben) – sind eine Blütenpracht. Vor allem Rosen sind bei den Norwegern sehr beliebt.

Hölzerne Getreidespeicher, Stabbur genannt – hier im Freilichtmuseum in Kviteseid – gehören zu jedem traditionellen norwegischen Hof. Die ältesten stammen aus dem Mittelalter. Im Untergeschoss wurden Vorräte gelagert, im Obergeschoss Kleidung, Gerät und eventuell auch Waffen.

Eine Fahrt über eine der alten Serpentinenstraßen gehört zu jedem Norwegenurlaub. Die Strecke durch die Seljestad-Schlucht auf dem Røldalfjell wurde trotz einer neuen Tunnelstrecke für Touristen offen gehalten.

Viele Hurtigrutengäste fahren mit der Bahn nach Bergen. Die Überquerung der Hardangervidda, des größten Hochplateaus Europas, per Eisenbahn ist sehr eindrucksvoll. Wer einmal ein besonderes Erlebnis mit einer Gebirgseisenbahn haben möchte, sollte die Fahrt mit der Bergenbahn in Myrdal unterbrechen und einen Ausflug auf der Nebenstrecke der Flåmbahn unternehmen. Die Trasse der Flåmbahn mit ihren Kehren und Tunneln ist ein Meisterstück der Ingenieurskunst. Auf 20 km überwindet sie 864 Höhenmeter. Der Ausflug dauert ca. 2 Stunden. Die Fahrt nach Bergen kann man dann mit einem späteren Zug fortsetzen.

Am Hardangerfjord

Fähren gehören zu einer Fahrt durch Norwegen dazu. Wer von Oslo nach Bergen unterwegs ist, kommt nicht umhin, wenigstens einmal eine Fähre über den Hardangerfjord zu benutzen – zum Beispiel von Utne (links) nach Kvanndal oder von Brimnes nach Bruravik.

In Norwegen hat jede Jahreszeit ihren ganz besonderen Reiz, und jeder Landesteil hat seine spezielle Jahreszeit. Im Mai und Juni ist es besonders schön im südnorwegischen Fjordland. Gerade in der Gegend um Bergen, in der es sonst das ganze Jahr über meist regnet, ist das Wetter zu dieser Jahreszeit erstaunlich stabil. Auf den Obstplantagen – wie hier am Sørfjord (unten), dem südöstlichen Seitenarm des weitverzweigten Systems des Hardangerfjords – stehen die Obstbäume im Mai und Juni in voller Blüte, während auf den Bergen noch etwas Schnee liegt.

Vorratshäuser – sowohl die alten Stabbur als auch neuere Speicher – stehen in Norwegen oft auf sehr abenteuerlichen Fundamenten. Zweck der Konstruktion ist es, Ratten und Mäuse aus den Getreidespeichern fern zu halten. Den Abschluss der Säulen bildet meistens eine breitere Platte aus Stein oder Holz, die sog. „Mäuseplatte", die für die kleinen Nager ein unüberwindliches Hindernis darstellt.

Den schönsten Blick auf die Altstadt von Bergen hat man vom Aussichtsberg Fløyen, auf den eine am Drahtseil gezogene Bahn hinaufführt. Der Fischmarkt am linken unteren Ende des vorderen Hafenbeckens gehört mit seinen roten Zeltdächern zu den beliebtesten Ausflugszielen der Stadt. Zwischen dem Fischmarkt und dem Liegeplatz des großen Segelschiffes Statsraad Lehmkuhl war in der Hansezeit einmal die bedeutendste Niederlassung der deutschen Hanse im skandinavischen Raum. Heute noch heißen die Lagerhäuser auf diesem Abschnitt „die deutsche Brücke" – „Tyske Bryggen". Das interessanteste der Häuser ist das vom Fischmarkt aus gesehen erste. Dort ist das unbedingt sehenswerte Hansemuseum untergebracht. Rechts hinter der Statsraad Lehmkuhl, die auch heute noch oft zu großer Fahrt aufbricht, liegt ein Versorgungsschiff für Ölbohrplattformen. Das dunkle Gemäuer rechts daneben ist Bergenhus, die mittelalterliche Königsresidenz Norwegens. Bergen war im Mittelalter Hauptstadt des Landes.

Fjordlandküste

Am Abend des ersten Seereisetages verlässt das Schiff der Hurtigrute den Hafen von Bergen durch den Hjeltefjord. Noch in der Nacht läuft es die ersten Häfen an: Florø, Måløy und Torvik. Nach dem Hafen von Ålesund steht am zweiten Tag im Sommer ein Abstecher in den Geirangerfjord auf dem Programm. Von dort wird ein spektakulärer Landausflug über die Adlerstraße zum Trollstigen angeboten, während das Schiff einen weiten Umweg nach Molde macht, wo die Landgänger wieder an Bord genommen werden. Im Winter entfällt dieser Ausflug, weil die Pässe dann gesperrt sind. In der Nacht zum dritten Tag geht die Reise weiter über Kristiansund nach Trondheim. Von Kristiansund startet südgehend ein interessanter Landausflug über die Atlantikstraße, eine abenteuerliche Straßenkonstruktion, die unmittelbar von den Wellen des Atlantik umspült wird.

Die historischen Gebäude, wie die Festung Bergenhus und auch die Statsraad Lehmkuhl werden nachts beleuchtet.

oben:
Am See Endestadvatn zwischen Florø und Førde.

In diesem Teil Norwegens regnet es leider so häufig, dass einige behaupten, die Kinder würden gleich mit Regenschirm und Gummistiefeln geboren. Glücklicher Weise ist das dunkelblaue Nachtlicht der „Blauen Stunde" wetterunabhängig, wie im Hafen von Florø (links), so dass man auch bei Regen die Sommernächte genießen kann.

Im Sommer sorgen die hellen Nächte auf der Fahrt entlang der westnorwegischen Küste für ein stimmungsvolles Licht, wie auf der Insel Runde (oben), obwohl südlich des Polarkreises die Sonne auch im Sommer noch für ein paar Stunden hinter dem Horizont verschwindet.

Westnorwegische Sommernächte

In der Zeit von Mai bis Juli ist die kleine Insel Runde bei Torvik unbedingt eine Unterbrechung der Seereise wert. In den westlichen Klippen der Insel brüten dann zehntausende von Seevögeln auf dem südlichsten Vogelfelsen Norwegens. Um einen ersten Eindruck von der Insel zu bekommen, empfiehlt es sich, vom Ort Runde aus eine Bootsfahrt zu den Vogelfelsen mitzumachen. Weitere Informationen zu Beobachtungsmöglichkeiten und eine Gelegenheit zur Übernachtung bietet der Campingplatz von Knut Goksøyr.

Vogelinsel Runde

Die Stars auf Runde sind ohne jeden Zweifel die Papageitaucher (rechts) mit ihrem bunten Schnabel.
Über 30 weitere Vogelarten brüten regelmäßig auf der Insel.
Beispielsweise die Baßtölpel (oben) haben in den Klippen von Runde eine große Kolonie.
Insgesamt wurden über 200 verschiedene Vogelarten bereits auf Runde beobachtet.

Ålesund und Geirangerfjord

Ålesund ist einer der größten Fischereihäfen Norwegens. 1904 fielen die meisten Holzbauten der Stadt einem Großbrand zum Opfer. Der deutsche Kaiser Wilhelm II, der jedes Jahr mit seiner Yacht im Norden unterwegs war, trug zum Wiederaufbau bei. Aus dieser Zeit stammen noch viele Jugendstilfassaden in der Altstadt. Im Sommer reicht der Aufenthalt nur für einen kurzen Bummel entlang der benachbarten Hafenbecken (links). Im Winter liegen die Hurtigrutenschiffe länger im Hafen. Dann ist genug Zeit für einen Ausflug zum Aussichtsrestaurant auf dem Berg Aksla mit einem eindrucksvollen Blick über die Stadt (oben).

Hinter Ålesund verlässt die Hurtigrute im Sommer auf der nordgehenden Fahrt die Küste und macht einen Abstecher in den Geirangerfjord (unten). Jedes Kreuzfahrtschiff auf Norwegentörn geht hier im Sommer einmal vor Anker (rechts). Von Geiranger aus wird ein organisierter Landgang angeboten, an dessen Ende die Reisenden im Hafen von Molde wieder an Bord des Hurtigruten-Schiffes gehen können. Die Fahrt geht von Geiranger über die kurvenreiche „Adlerstraße“ nach Norden und über den Norddalsfjord ins Gebirge Trollheimen (s.S.41).

Vom Ende des Geirangerfjords führt die Geirangerstraße (rechts) über das Gebirge ins Ottadal.
Auf 17 Kilometern arbeitet sie sich von Meereshöhe zunächst in abenteuerlichen Serpentinen bis zum Djupvatn auf 1017 m hinauf. Vom Djupvatn führt eine Nebenstraße zur Spitze der Dalsnibba, mit 1476 m der zweithöchste Punkt, der mit dem Auto in Norwegen erreicht werden kann. Wer sie einmal fahren will, muss seinen PKW in Molde oder Ålesund von Bord der Hurtigrute bringen, da Reisende, die das Schiff in Geiranger verlassen wollen, ausgebootet werden.

Der Målsetvatn (oben) auf dem Vikafjell am Sognefjord. Mitte Juni ist auf den Bergen des Fjordlandes noch tiefster Winter.

Wie überall im Fjordland sind im Grøndal bei Florø (links) Ziegen und Schafe während des ganzen Sommers frei im Gebirge unterwegs. Nur im Winter werden sie in die Ställe in den Tälern gebracht. Aus irgend einem Grund erkennen die Ziegen ein Touristenauto auf den ersten Blick. Sie wissen genau, dass Menschen im Urlaub freigebig sind. Wer anhält, muß sich auf eine längere Belagerung gefaßt machen.

Schneeschmelze im Fjordland

Während der Schneeschmelze im Mai und Juni sind in den Bergen des Fjordlandes die Gebirgsbäche – wie im Hornindal (rechts) – und die Wasserfälle – wie am Norddalselv bei Florø (unten) – besonders prall gefüllt.

*Ein Symbol für den Fjordlandfrühling:
Im Hornindal erheben sich die noch tief
verschneiten Berge unmittelbar hinter
den Wäldern im frischesten Frühlingsgrün.*

Schneeschmelze im Fjordland

Trollstigen

Trollen begegnen wir in den Flur- und Ortsnamen immer dort, wo es besonders rauh und ungewöhnlich wird. Das Verhältnis der Norweger zu diesen uralten Sagengestalten hat sich im Laufe des 20. Jahrhunderts deutlich verändert.
Ursprünglich waren Trolle die personifizierten Kräfte der Natur, für die sich keine natürliche Erklärung fand. Meer-, Wasser-, Berg- und Waldtrolle waren für alle Unbill verantwortlich, die den Bauern und Fischern von der Natur zu Teil wurde.
Heute werden die kauzigen Gestalten mit ihrem moos- und flechtenbewachsenen Rücken, Schwänzen und Baumbärten sehr liebevoll betrachtet. Die Norweger identifizieren sich immer mehr mit den verschrobenen, menschenscheuen Naturwesen. Man begegnet ihren Spuren auf Schritt und Tritt. Am Trollstig steht zum Beispiel ein echtes Verkehrsschild, das vor kreuzenden Trollen warnt. (links)

Sobald die Wintersperre auf der Passstraße von Valldal am Norddalsfjord nach Åndalsnes aufgehoben ist, fahren Busse der Hurtigrute von Geiranger nach Molde. Wer in Geiranger in den Bus umsteigt, kann abends in Molde wieder an Bord des gleichen Schiffes gehen, das er mittags verlassen hat. Die Fahrt führt über eine der bekanntesten Passstraßen des Landes, den legendären „Trollstig" (oben), der sich mit einer Steigung von 12 % in elf Serpentinen 850 Meter nach oben arbeitet. Von 1928 bis 1936 wurde an diesem Meisterwerk der damaligen Straßenbaukunst gebaut.

Das alte Hurtigrutenschiff MS Lofoten macht am Kai von Molde fest (oben). Die geschäftige Fjordstadt ist ein Knotenpunkt von Schnellbootlinien (links) und bietet sich deshalb besonders für individuelle Abstecher ohne eigenen PKW an. Im Volksmund heißt sie auch „die Stadt der Rosen". Es ist das besonders milde Klima, das in Molde nicht nur Rosen (rechts), sondern auch wärmeliebende Laubholzarten gedeihen lässt, was auf 62° nördl. Breite weltweit einmalig ist. Berühmt ist die Stadt vor allem aber auch für ihren Ausblick auf die über 80 meist schneebedeckten Berge der Sunnmørealpen südlich des Moldefjords.

Südlich von Åndalsnes beginnt das Romsdal mit seinem 1550 m hohen Romsdalshorn (oben). Südwestlich davon steht tiefer im Tal die höchste senkrechte Felswand Europas, durch die der „Trollveg", ein extrem schwerer Klettersteig, auf die Berge von Trollheimen hinaufführt. Das Romsdal ist so eng, dass die Sonne in den Wintermonaten den Talgrund nicht erreicht.

Molde und Romsdalsfjord

Rien (oben) gehört neben dem Femundsee und vielen anderen zum Kanu- und Faltboot-Dorado an der schwedischen Grenze. Die Wasserflächen der Seenplatte wurden hierzu teilweise künstlich verbunden.

Røros und der Femundsee

Die alte Kupferbergbaustadt Røros (links) nördlich des Femundsees besitzt noch einen geschlossenen, hölzernen Stadtkern aus dem 17. Jh. Von der UNESCO wurde sie deshalb zum Weltkulturerbe erklärt. Die Kirche gehört zu den schönsten Norwegens.

An der Grenze zu Schweden liegt der zweitgrößte See des Landes, der Femundsee (rechts). Die einsame Gebirgsregion um diesen See ist das südlichste Siedlungsgebiet der Samen. Von September bis Mai trifft man am Ostufer des Sees und auf der schwedischen Seite der Grenze oft auf große Rentierherden.

NORDLYS
NORDLYS

Nordlandküste

Zur Verwirrung vieler Reisender ist „Nordland“ nicht der nördlichste Teil Norwegens, sondern der mittlere. Am dritten und vierten Tag führt die Seereise an der Küste der Provinzen Nord- und Süd-Trøndelag sowie Nordland entlang über den Polarkreis bis zu den Lofoten. Am Morgen des dritten Tages ist ausreichend Zeit, Trondheim – das Tor zu Nordnorwegen – zu besichtigen, denn die Hurtigrute verlässt den Hafen der Stadt erst am Mittag. Dann kann man es sich im Liegestuhl bequem machen. Eine längere Passage entlang der Schärenküste von Helgeland steht auf dem Programm (unten). Eine besonders kritische Stelle ist die Fahrt durch den Stokksund. In Rørvik begegnen sich abends schließlich jeweils das nordgehende und das südgehende Schiff der Hurtigrute (links). In der Nacht zum vierten Tag legt das Schiff in Brønnøysund, Sandnessjøen und Nesna an. Die sagenumwobenen Inseln und Berge, die es auf dieser Fahrt passiert, sehen die meisten Passagiere erst auf der Rückfahrt. Hinter Nesna wird ein Landausflug zum Gletscher Svartisen angeboten. Während das Schiff den Polarkreis überquert und den Hafen von Ørnes anläuft, besuchen die Landgänger mit dem Svartisen den zweitgrößten Gletscher Norwegens. In Bodø werden sie dann wieder an Bord genommen bevor die Fahrt weiter geht zu den Lofoten.

Der Nidarosdom in Trondheim (links) ist die größte Kirche Norwegens. Er entstand zwischen 1152 und 1320 als Ersatz für eine ältere Kirche, die hier im 11. Jh. über dem Grab des später heilig gesprochenen Königs Olav errichtet worden war. Aus machtpolitischen Gründen führte Olav das Christentum in Norwegen ein. Durch seinen Sieg bei Stiklestad nördlich von Trondheim über die Anhänger der alten Religion gelang es Olav, die Kleinkönigreiche der norwegischen Wikinger endgültig zu einem Nationalstaat zu einen. Er selbst fiel in dieser siegreichen Schlacht und wurde zur Legende.

Trondheim und Trøndelag

Abendstimmung im Seterdal bei Hattfjelldal im Herzen Helgelands (oben).

Unmittelbar nach dem Ende der letzten Eiszeit wurde Norwegen wieder von Menschen besiedelt. Über Jahrtausende hinterließen sie im ganzen Land Felsbilder, die für uns heute die einzigen Zeugen ihrer Kultur sind. Am Snåsavatn nordöstlich von Steinkjer (rechts) fand man ein ungewöhnlich großes und detailliert gestaltetes Felsbild eines Rentiers am Bach Bøla (links).

Im Hafen von Bronnøysund (oben) machen die nordgehenden Schiffe der Hurtigrute bei Nacht fest. Im Tageslicht erlebt man ihn deshalb erst auf der Rückfahrt. Südgehend laufen die Hurtigrutenschiffe alle Häfen bei Tag an, in denen sie auf dem Weg nach Norden nachts angelegt haben.

Geologen gehen davon aus, dass der Berg Torghatten, südlich von Bronnøysund an einem schwachen Punkt vom Meer ausgehöhlt wurde, als das Land, das sich seit der Eiszeit kontinuierlich hebt, noch ca. 100 m tiefer lag als heute. Das markante Loch im Torghatten ist 160 m tief, 25-30 m hoch und 12-15 m breit.

Die Spur der Trolle

Nach einer alten Sage war der Torghatten früher einmal der Hut eines Trolls. Im Streit schoss ihm ein anderer mit einem Pfeil ein Loch in den Hut. Als der durchlöcherte Hut mit dem Tageslicht in Berührung kam, versteinerte er genau wie die Streithähne.

Svartisen am Polarkreis

Nördlich von Mo i Rana liegt Svartisen, der zweitgrößte Gletscher Norwegens, auf den Bergen am Polarkreis. Hurtigruten-Passagiere können sich bei Grønøy ausbooten lassen. Ein Bus fährt sie am Gletscher vorbei zum Saltstraumen (oben) und nach Bodø, wo sie wieder an Bord ihres Schiffes gehen können. Für Individualreisende führt darüber hinaus auch von der Südostseite ein einfacher Weg zum Gletscher über den Svartisvatn nördlich von Mo i Rana. Ein Motorboot bringt Gletscherbesucher über diesen See hinweg zum Fuß des Gletscherberges. Auf dem Gletscher steht man vor einer mächtigen Gletscherzunge des Svartis (links), die in den Austerdalsvatn ragt.

Immer wieder brechen große Eisbrocken ab und treiben im Gletschersee.

Der Weg über die Felsen zum Gletscher steigt stark an (139 Höhenmeter). Die Felsen sind in Jahrhunderten vom Gletscher geformt worden.

Saltstraumen – die Gewalt der Gezeiten

Südlich von Bodø überquert die Küstenstraße RV 17 mit einer weit geschwungenen Brücke den Saltstraum (oben), den größten Gezeitenstrom der Welt. Diese kräftige Meeresströmung kehrt ihre Richtung zweimal täglich um: Bei Ebbe strömt das Wasser aus einer Felsenbucht in den Atlantik hinaus und bei Flut wird es wieder hineingepresst. Dabei entstehen gewaltige Strudel (links). Im Rahmen des Landausflugs zum Svartisen (vorherige Seite) besuchen die Hurtigrutenpassagiere auch diesen Gezeitenstrom.

Das Schiff der Hurtigrute unterwegs durch die engen Sunde bei Ørnes (oben).

Das Hinterland der Küste ist im Sommer (Ende Mai bis in den August) fest im Griff von Stechmücken. Gerade zur Mittsommerzeit sind sie besonders zahlreich. Unmittelbar an der Küste Norwegens bleibt man von der Mückenplage allerdings gänzlich verschont. Mittel zur Abwehr von Mücken, die in Deutschland angeboten werden, nützen in Skandinavien leider nicht sehr viel. Skandinavische Präparate hingegen sind zwar wirkungsvoll, enthalten aber oft Substanzen mit starken Nebenwirkungen. Die beste Anti-Mücken-Creme gibt es in finnisch Lappland: ein Gemisch aus Teer, Asche und Bienenwachs. Der Geruch dieser Substanz ist allerdings sehr anhänglich. Meist nimmt man ihn noch mit nach Hause.

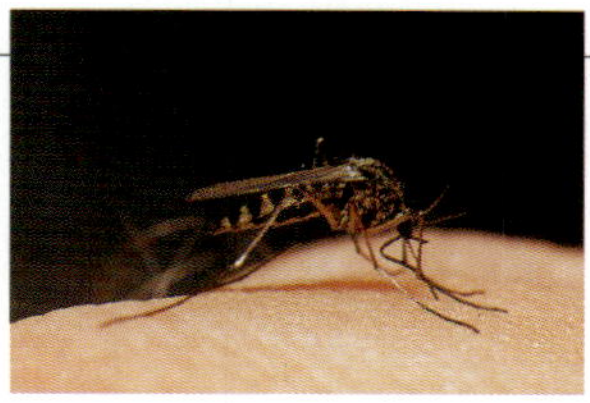

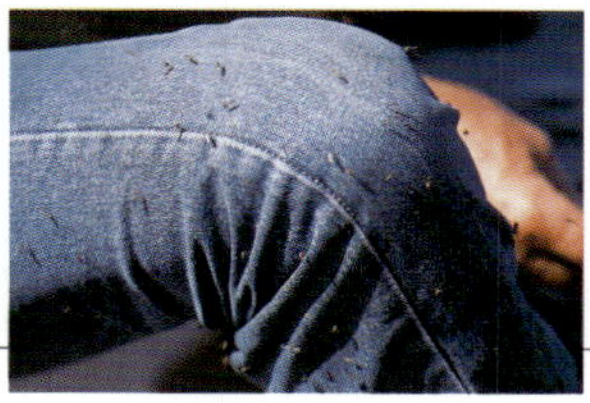

Die Überfahrt von Bodø nach Stamsund ist berühmt und berüchtigt: Dort kann es etwas „kabbelig" werden. Trotzdem sollte man nicht den Moment verpassen, wenn sich die östliche Felswand der Lofoten aus dem Meer erhebt.

Lofoten & Co.

Ein Besuch auf der Inselgruppe der Lofoten ist zweifellos immer ein Höhepunkt jeder Norwegenreise – aber die Lofoten sind nicht die einzigen Trauminseln des Nordens. Am vierten Tag der Reise verlässt das Hurtigrutenschiff am frühen Nachmittag den Hafen von Bodø. Die Überfahrt nach Stamsund ist eine der wenigen Passagen, auf denen die hervorragenden Stabilisatoren der Hurtigrutenschiffe schon einmal an ihre Grenzen stoßen. Von Stamsund bis Svolvær bietet sich ständig westlich der Panoramablick auf die Gipfel der Lofoten. Südgehend wird ein Landausflug über die Inseln geboten, der einen kleinen Eindruck ihrer Schönheit vermittelt. Hinter Svolvær passiert die Hurtigrute dann den Raftsund und fährt bei günstigem Wetter in den Trollfjord ein – die engste Stelle der Reise. Am fünften Tag geht die Fahrt nach einem Besuch in den Häfen der Vesterålen, Stokmarknes (mit dem Hurtigruten Museum), Sortland, Risøyhamn und Harstad, weiter nach Finnsnes. Ausnahmsweise ist das Meer bei Risøyhamn sehr seicht. Deshalb musste eine spezielle Fahrrinne für die Hurtigrute ausgebaggert werden. Ein Landgang auf den Vesterålen wird von Harstad aus auf der südgehenden Fahrt angeboten.

Die Häfen der Lofoten

Wörtlich übersetzt bedeutet Lofoten „die Luchsfüße“. Im Volksmund nennt man die Inseln wegen ihrer spitzen Gipfel jedoch manchmal auch die „Meereszähne des Nordens“. Die Inseln waren in der letzten Eiszeit – anders als das norwegische Festland – nicht mit Gletschern bedeckt und sind deshalb auch nicht abgeschliffen worden. Auf der geschützten Ostseite der Inseln ist sehr viel Schiffsverkehr. Zwischen Stamsund und Svolvær begegnen sich abends täglich das nordgehende und das südgehende Schiff der Hurtigrute.

Im Sommer haben die Passagiere der Hurtigrute die Möglichkeit, den Hafen von Henningsvær (oben), auf der südgehenden Fahrt im Rahmen eines Landausflugs zu besuchen. Leider reichen die maximal drei Stunden dieses Ausflugs nicht aus, um einen wirklichen Eindruck von den Lofoten zu bekommen. An keinem anderen Punkt bietet es sich deshalb so sehr an wie in Svolvær, die Reise für ein paar Tage zu unterbrechen.
Die häufig verkehrenden Schnellboote (links) empfehlen von Svolvær aus einen Abstecher nach Narvik, was abseits des Kurses der Hurtigrute liegt.

Nirgends sonst in Europa kann das Wetter so schnell wechseln wie auf den Lofoten. Wind- und regendichte Kleidung sollte auch bei klarem Himmel greifbar sein, wie hier bei einem Strandspaziergang in der Nähe von Flakstad (links).

Sommerabende auf den Lofoten

Eine alte Fotografenregel besagt: Wenn du vor dir einen schönen Sonnenuntergang siehst, schau auch einmal über die Schulter. Am Mofjord an der Nordküste von Austvågøy (oben) faszinierte mich das Farbspiel der Wolken, das sich im Wasser spiegelte. Noch eindrucksvoller ist aber eigentlich das Foto in die entgegengesetzte Richtung (links): das ist eine typische Lofotenstimmung – Wolken, die die Gipfel umspielen und intensiv warmes Licht, das durch eine Wolkenlücke dringt.

Abendstimmung bei Haukland auf Vestvågøy (rechts).

Nusfjord auf der Lofoteninsel Flakstadøya ist im Großen (links) wie im Kleinen (oben) der Prototyp eines Lofotendorfes. Früher war Nusfjord nur in den Monaten des Lofotfischfangs von Februar bis April bewohnt.

Vær – die Dörfer der Lofoten

Das Fischereimuseum in Å (rechts) auf Moskenesøya, der südlichsten Lofoteninsel, steht auf Stelzen im Wasser. Da die über 900 m hohen Lofotenberge fast senkrecht aus dem Wasser aufragen, findet sich zu ihren Füßen kaum ein flaches, bebaubares Stück Land. Viele der Rorbuer (Stelzenhäuser) werden nur zur Fischfangsaison von Februar bis April bewohnt. In der übrigen Zeit des Jahres werden heute viele Rorbuer an Touristen vermietet.

In Å, sind viele der traditionellen Gebäude, die zu den Vær genannten Lofotensiedlungen gehören, zu besichtigen, wie zum Beispiel die Tranküche (oben).

Bis ins 20. Jh. hatte Norwegen ein ganz wesentliches Exportgut: den getrockneten Dorsch oder Kabeljau. Ganz traditionell wird der Dorsch auch heute noch auf Holzgestellen Luft getrocknet (rechts). Ob er deshalb Stockfisch genannt wird, oder weil er nach dem Trocknen hart wie ein Stock ist, weiß heute niemand mehr so genau. Vor allem in Südeuropa gilt er noch heute als Delikatesse.

Raftsund, Trollfjord und die Vesterålen

Nur die schmale Meerenge des Raftsunds (oben) trennt die Lofoteninsel Austvågøy von der Vesteråleninsel Hinnøy. Die Passage war schon immer eine der schwierigsten auf dem Kurs der Hurtigrute. Heute wartet auf die Reisenden dort noch eine Steigerung: Ungefähr in der Mitte des Sundes schneidet nach Westen der Trollfjord (links) tief in das Gebirge Austvågøys ein. Wenn das Hurtigrutenschiff einen Abstecher in diesen Fjord macht, hat man das Gefühl, mit der ausgestreckten Hand von der Reling aus die Felswände berühren zu können.

Robbenbänke auf der Leuchtturminsel Anda fyr (oben). Ein paar Robben liegen dort immer auf den Felsen.

Von Andenes auf Andøy und von Nyksund auf Langøy aus starten ausrangierte Walfangboote zu Walsafaris. Westlich der Vesterålen liegt im Nordatlantik eine Abbruchkante, an der das Meer sehr tief wird. Dort sind die Fischgründe vor allem der Pottwale. In Nyksund gehört noch ein Rundgang durch die größtenteils verfallene Fischersiedlung dazu, in der nur noch wenige Menschen leben. Einer von ihnen ist ein niederländischer Walexperte, der in seinem Garten unzählige Überreste von Walen gesammelt hat (links). Wer von Nyksund aus startet, bekommt auf jeden Fall ein paar Tiere zu sehen. In Andenes muß man den Besuch bei den Robben extra buchen.

Senja

Eine der schönsten und abwechslungsreichsten Inseln Norwegens ist Senja. Der Hurtigrutenhafen Finnsnes ist das Tor zur Insel. Die abgelegenen Fjorde im Westen und Norden von Senja, wie der Mefjord (oben) wurden erst vor wenigen Jahren an das Strassennetz angeschlossen.
In Husøy (links) bildete, wie auf den Lofoten, die Fischerei lange Zeit die Erwerbsgrundlage für die Menschen. Überfischung führte zu strengen Fangquoten, so dass heute die Fischzucht zu einer Erwerbsalternative geworden ist. An den Bojen im Wasser des Øyfjords hängt eine Lachsfarm.

Vom Südufer des Bergfjords aus gesehen, steht die Sonne um Mitternacht genau hinter der Spitze des 531 m hohen Berges Træl bei Skaland am Nordufer des Fjords.

Die grauen Berge bei Ballesvik im Westen von Senja (oben) leuchten nachts im dunklen Rot.

Mitternachtssonne auf Senja

So manche Reise in den hohen Norden wird im Sommer zu einer Jagd nach der Mitternachtssonne. Jeder will sie sehen. Optisch sieht sie auf den ersten Blick nicht anders aus, als ein normaler Sonnenuntergang – und tolle Sonnenuntergänge gibt es überall in Skandinavien. Natürlich ist auch die Mitternachtssonne oft ein Augenschmaus. Ein Garant für tolle Bilder ist sie aber nicht. Sie ist vielmehr ein ganz besonderes Gefühl – ein Lebensgefühl. Pure Lebendigkeit durchströmt die Adern wie eine Droge, wenn es 24 Stunden am Tag hell ist. Man verliert das Zeitgefühl und möchte immer nur weiter reisen und schauen. Viele Norweger schlafen im Sommer nur vier Stunden am Tag. Geschäfte können durchaus auch um drei Uhr nachts geöffnet sein und manche Kulturveranstaltung beginnt um Mitternacht. Dem Fotografen beschert die Mitternachtssonne bei klarem Wetter für mehrere Stunden bestes, warmes, tiefstehendes Fotolicht, das das ganze Land mit einem rotgoldenen Schimmer überzieht. Der optische Zauber ist aber zweitrangig angesichts des „Sommers im Bauch", dem Gegenstück zur Lethargie des Winters mit seiner wochenlangen Dunkelheit. Wer mit dem „Virus des Nordens" infiziert ist, überquert den Polarkreis im Sommer, um die Mitternachtssonne in den Adern zu spüren – egal wie das Wetter ist und egal ob man die Sonne direkt sieht, oder ihr Licht nur durch eine Wolkendecke fällt.

Der Senjatroll

Am Südufer des Bergfjords zwischen Straumsnes und Hamn i Senja wartet der größte Troll der Welt auf den Reisenden. Der Künstler Leif Rubach hat zusammen mit seiner trollbegeisterten Familie (rechts) eine bunte Schar von Trollfiguren geschaffen (oben).
Im Zentrum sitzt der knapp 18 Meter hohe Senjatroll. Er kann sich ein Fischerboot in Originalgröße unter den Arm klemmen.
In seinen Bauch hat Leif Rubach eine Grotte eingebaut, in der er in Form von Dioramen verschiedene Sagen aus der speziellen Mythologie von Senja dargestellt hat.

Malerisch liegt die kleine Siedlung Straumsnes an der engsten Stelle des Straumsbotns im Nordwesten von Senja. Wäre sie nicht an das Straßennetz angeschlossen, wäre vielleicht auch diese Siedlung inzwischen verlassen und verfallen, wie viele andere kleine Fischerdörfer im Norden Norwegens. Die schlechten Verdienstmöglichkeiten in der Fischerei und die langen Winternächte treiben die Menschen in den Süden.

Eismeerküste

Von den Vesterålen bis zum Nordkinn fährt die Hurtigrute durch das Eismeer. Richtige Eisschollen erlebt man auf der Hurtigrute allerdings nur im Winter und auch dann meist nur weiter östlich in der Barentsee und im Varangerfjord.
Der Golfstrom sorgt an der übrigen Küste Norwegens für eisfreies Wasser.
Am fünften Tag der Seereise steht ein Besuch in Tromsø auf dem Programm. In der Nacht geht es dann weiter über Skjervøy und Øksfjord nach Hammerfest. Das Nordkap umrunden die Schiffe der Hurtigrute nicht. Sie fahren südlich der Insel Magerøya, auf der das Nordkap liegt, durch den Magerøysund. Von Honningsvåg aus wird aber auf der nord- und der südgehenden Fahrt ein Ausflug zum Nordkap angeboten. Wer allerdings um Mitternacht am Nordkap stehen möchte, muß einen individuellen Abstecher machen und erst am nächsten Tag mit einem anderen Schiff weiterfahren.

Tromsø – das „Paris des Nordens"

Tromsø ist die einzige echte Studentenstadt nördlich des Polarkreises. Wenn im Sommer hier die Sonne nicht mehr untergeht, herrscht in den Kneipen und Straßenlokalen Partystimmung. Viele Sehenswürdigkeiten gibt es hier. Empfehlenswert ist ein Besuch der Eismeerkathedrale (unten) oder des Polarlichtobservatoriums. Eindrucksvoll ist auch eine Fahrt mit der Seilbahn vom Stadtteil Tromsdal auf den Aussichtsberg Fløyfjell, um von dort die Mitternachtssonne zu bestaunen (rechts). Zu dieser Zeit ist die Seilbahn auch nachts in Betrieb. Der Aufenthalt der Schiffe ist lang genug, um dem Reisenden einen ersten Eindruck von der Stadt zu ermöglichen. Mehrere Landgänge werden angeboten, zum Beispiel ein mitternächtliches Konzert in der Eismeerkathedrale oder ein Besuch des Erlebniscenters „Polaria".

Die Lyngsalpen auf der Westseite des Lyngenfjords östlich von Tromsø sind bis zu 1600 m hoch. Wer von der Hurtigrute aus den Lyngenfjord mit seinem „Alpenpanorama" erleben möchte, sollte das Schiff in Tromsø verlassen. Dort ist das Angebot an Hotels und Mietwagen besonders groß.

Am Lyngenfjord

Wer von Tromsø nach Norden unterwegs ist, kann mit der Fähre von Lyngseidet nach Olderdalen (oben) einen weiten Umweg nach Süden vermeiden.

Von der E6 auf der Ostseite des Lyngenfjords bringt eine rustikal anmutende Fähre die Reisenden über den Rotsund zur alten Handelsstation Havnnes auf der Insel Uløy (links). Handelsplätze wie Havnnes waren früher die Umschlagplätze aller Waren. Dorthin kamen die Fischer von den Inseln und die Bauern aus dem Fjordland zum Einkaufen. Heute haben die Handelsstationen ihre Bedeutung an die Supermärkte entlang der Straßen verloren.

Ein altes Bootshaus bei Klavenes an der Mündung des Rotsunds in den Lyngenfjord ist eines der wenigen Gebäude am Fjord, das noch von außen ganz traditionell aussieht. Die arbeitsintensiven, landestypischen Gebäude werden in ganz Norwegen zusehens von pflegeleichteren, modernen Holzbauten abgelöst.

Im nordnorwegischen Fjordland

In ganz Skandinavien finden sich zahlreiche Felsbilder aus vorgeschichtlicher Zeit. Die ältesten von ihnen sind kurz nach der letzten Eiszeit entstanden. Die jüngsten wurden wahrscheinlich erst in der Wikingerzeit, die bis ins 11. Jahrhundert dauerte, in den Fels gemeißelt. In Alta findet sich die größte Ansammlung von Felsbildern in ganz Skandinavien (rechts). Auf einem mehrere Kilometer langen Lehrpfad kann man an ihnen entlang wandern. Der nächstgelegene Hurtigrutenhafen ist Øksfjord. Die Fahrt von dort nach Alta führt durch den malerisch gelegenen Ort Talvik am Altafjord (oben).

Wer während der kompletten Reise der Hurtigrute an Bord bleibt, erlebt das Anlegemanöver 65 Mal. Trotzdem ist es immer wieder interessant (oben).

Moderne Fischernetze warten im Hafen von Skjervøy auf ihren Einsatz.

Am Rande des Nordpolarmeeres

Viele Schiffe der Hurtigrute haben unter der Brücke einen offenen Umgang, der auch für Passagiere den ungehinderten Blick nach vorne ermöglicht. Die Windverhältnisse auf diesem Balkon sind erstaunlich: Während man an seinen beiden Enden beinahe von den Beinen geblasen wird, herrscht in der Mitte fast Windstille. Offensichtlich bildet sich unter der überhängenden Brücke ein Luftstau, der den Wind ableitet.

Kurz hinter der kleinen Ortschaft Kvalsund an der Mündung des Repparfjords in den Sammelsund liegt die Brücke vom Festland zur Insel Kvlaøy mit der Stadt Hammerfest.

Hammerfest – die nördlichste Stadt der Welt

Hammerfest liegt auf der Insel Kvaløy am Ostende des Sørøysunds. In der Abenddämmerung hat man vom Aussichtscafé Salen einen besonders schönen Blick über die Stadt. Die Lichter von Hammerfest waren schon Ende des 19. Jhdts. berühmt. Als erste Stadt Europas erhielt Hammerfest 1890 eine elektrische Straßenbeleuchtung. Wer in Hammerfest die Hurtigrutenreise nicht unterbricht, hat allerdings nur Zeit zu einem Bummel durch die Innenstadt.

Als nördlichste Stadt der Welt führt Hammerfest den Eisbären im Wappen. Auf lebende Exemplare wartet man hier aber vergebens. Statt dessen gibt es im Rathaus von Hammerfest ein kleines Polarmuseum. Freien Zutritt haben nur Mitglieder der „Königlichen Gesellschaft der Polarbären", einem Verein, dem man nur vor Ort in Hammerfest beitreten kann. Der einmalige Mitgliedsbeitrag liegt in der Höhe einer normalen Eintrittskarte für ein Museum ...

Auf den ersten Blick sind die Berghänge an der Eismeerküste – zum Beispiel am Magerøysund – nur mit einer kargen Vegetation bedeckt. Die Pflanzen, die hier durchhalten, haben oft eine erhebliche Widerstandskraft. Kleine, bodennahe Gewächse, die auf den ersten Blick wie einfache Blümchen aussehen, sind manchmal schon über hundert Jahre alt. Vor allem im Herbst entwickeln sie eine erstaunliche Farbenvielfalt. Wenn sich am Fuß der Hänge ein Uferplateau gebildet hat, steht oft ein einsames Haus darauf.

Honningsvåg auf Magerøya

Der Hafen von Honningsvåg (oben und links) an der Südküste der Insel Magerøy besitzt arktischen Charme. Die Schiffe der Hurtigrute haben hier lange genug Aufenthalt, um den Reisenden einen Landgang zum Nordkap zu ermöglichen. Das Nordkap gehört nicht zum europäischen Festland, sondern liegt auf der Insel Magerøy. Die Schiffe der Hurtigrute umfahren nicht das Kap, sondern nutzen auf dem Weg von Havøysund nach Honningsvåg den schmalen Magerøysund südlich der Insel. Bei der Ankunft des Schiffes in Honningsvåg stehen Busse bereit, die die Ausflügler die 33 km über das karge Hochplateau im Inneren der Insel bis zum Nordkap bringen.

Magerøya – die magere Insel

Die Insel Magerøy trägt ihren Namen aufgrund ihrer spärlichen Vegetation. Ihre Felsformationen hingegen sind sehr abwechslungsreich. Die Brandung schuf hier zahlreiche Figuren. Die bekannteste ist vermutlich die Kirchentür – norwegisch Kirkeporten – am Vestfjord (oben). Durch sie hindurch kann man am Horizont eine Felsnase auf der Ostseite des Nordkap-plateaus sehen.

Eine verwitterte Hütte an der Nebenstraße nach Gjesvær vermittelt einen Eindruck vom Leben auf Magerøy vor dem Touristenansturm. Auch nach Gjesvær werden offizielle Landausflüge von der Hurtigrute angeboten. Wer das Nordkap schon kennt, kann von dort zu einer kurzen Bootstour zur Inselgruppe Stappan aufbrechen, auf der eine große Vogelbrutkolonie liegt. Das Schutzgebiet darf aber nicht betreten werden. Beobachtungen sind nur aus dem Boot heraus erlaubt.

Rentiere auf Magerøya

Viele Samen aus der Gegend von Karasjok bringen im Sommer ihre Rentierherden auf die Hochebene im Inneren der Insel Magerøya. Da die Insel relativ übersichtlich ist, hat man auf der Fahrt zum Nordkap gute Chancen, Rentiere zu beobachten. Eine „Wildbeobachtung" ist das aber nicht. Rentiere sind Haustiere, auch wenn sie Urlaubern gegenüber – anders als die Ziegen im Süden des Landes – immer einen Sicherheitsabstand wahren.

Traumziel Nordkap

Die Nordkaphalle (links) beherbergt neben Gastronomie und mehreren Ausstellungen vor allem ein unterirdisches Panoramakino, wo auch derjenige das Nordkap im Licht der Mitternachtssonne erleben kann, der bei Regen und Nebel auf diesem Felsen steht.

Um 12.00 Uhr drängen sich um den Globus auf dem Nordkapfelsen noch die Menschen. Wenn aber 20 Minuten vor eins (Sommerzeit) die Mitternachtssonne ihren tiefsten Stand erreicht, hat man den Nordkapfelsen fast für sich allein (rechts unten).

300 m über der Brandung des Eismeeres liegt die Aussichtsplattform auf dem Nordkapfelsen (rechts). Leider ist das Nordkap nicht wirklich der nördlichste Punkt Europas. Die norwegische Insel Spitzbergen zählt auch noch zu Europa. Ihre Nordspitze liegt auf einem deutlich nördlicheren Breitengrad. Das Nordkap ist sogar nicht einmal die Nordspitze der Insel Magerøy. Die Halbinsel Knivskjelodden (links) liegt dem Nordpol ungefähr 1,5 km näher.

Neben der Nordkaphalle steht die Skulptur eines kleinen Jungen, der seiner Mutter aufgeregt die Mitternachtssonne zeigt. Die Plastiken gehören zu einer Figurengruppe, die den Wunsch der Kinder nach Frieden in der Welt zum Ausdruck bringt (Mitte).

Finnmarkküste

Der nördlichste Landesteil Norwegens heißt Finnmark, weil die Ureinwohner dieser Region, die Samen, in Norwegen früher „Finner" genannt wurden. An der Küste der Finnmark gelangt die Hurtigrute östlich des Nordkinns vom Eismeer in die Barentsee. Auf der Halbinsel des Nordkinns besucht die Hurtigrute am Abend des sechsten Tages die Häfen von Kjøllefjord und Mehamn. In der Nacht geht es um die große Varangerhalbinsel mit den Häfen Berlevåg, Båtsfjord und Vardø herum nach Vadsø. Je nach Wetterlage kann die Passage von Honningsvåg bis Vardø noch einmal etwas unruhiger werden, weil auf diesem Abschnitt die der Küste vorgelagerten, schützenden Inseln fehlen. Am Vormittag wird dann der Zielhafen Kirkenes erreicht. Er liegt ungefähr auf dem gleichen Längengrad wie St. Petersburg und Kairo. Wer möchte, kann vor der Rückfahrt einen Busausflug zum Grenzfluss Pasvik machen, der Norwegen von Russland trennt. Nach nur drei Stunden Aufenthalt tritt das Schiff der Hurtigrute wieder die Rückreise nach Bergen an.

Ekkeroy (links) gehört zu den Orten am Varangerfjord (unten), die hauptsächlich von Finnen und Samen bewohnt werden, die von der Fischerei im Eismeer leben.

Der Leuchtturm von Slettnes (links) ist der weltweit nördlichste Leuchtturm auf dem Festland. Er liegt östlich des Hurtigrutenhafens Mehamn. Westlich des Hafens umrunden die Schiffe der Hurtigrute Kinnarodden, die Nordspitze der Nordkinn-Halbinsel. Dieses Kap ist der nördlichste Punkt des europäischen Festlandes. Der insgesamt nördlichste Leuchtturm der Welt liegt westlich des Nordkaps auf der Insel Ingøy.

Nordkinn – am Nordrand des Festlands

Auch am Porsangerfjord westlich der Nordkapstraße E69 sind Rentiere unterwegs (rechts). Bei Rentieren tragen beide Geschlechter prächtige Geweihe. Nur ein Blick zwischen die Hinterbeine erlaubt eine Geschlechtsbestimmung.

Wer eine ähnliche Stimmung wie auf dem Nordkap kostenlos erleben möchte, fährt am besten von Ifjord die Straße RV 888 entlang des Laksefjords (oben) hinaus auf die Nordkinn-Halbinsel. Das Nordende des europäischen Festlandes ist touristisch fast nicht erschlossen, und bietet so den noch unverfälschten Charme der Eismeerküste. Eine Fahrt zum Nordkap hingegen ist eine kostspielige Angelegenheit. Wer nicht von der Hurtigrute direkt in Honningsvåg an Land gesetzt wird, muss zunächst durch den mautpflichtigen Tunnel unter dem Magerøysund hindurch fahren. Die Parkgebühr auf dem Nordkapplateau und der Eintritt zur Nordkaphalle (den man auch bezahlen muss, wenn man gar nicht hinein möchte) sind ebenfalls nicht unerheblich.

Vardø und die Varangerhalbinsel

An der zerklüfteten Nordküste der Varangerhalbinsel liegen die Hurtigrutenhäfen Berlevåg und Båtsfjord. In nur wenigen anderen Orten Norwegens wird so viel Fisch an Land gebracht und verarbeitet wie dort.

Der Ortsname Vardø leitet sich vom norwegischen Wort für „Warte", „Beobachtungspunkt" ab. Gemeint ist dabei die Festung Vardøhus (oben), deren Anfänge vermutlich bis ins 14. Jh. reichen. Die Festung sollte vor räuberischen Übergriffen aus Rußland schützen. Nur ein Kanonenschuss fällt hier pro Jahr, nämlich Ende Januar zu Begrüßung der Sonne, wenn sie nach der Polarnacht zum ersten Mal im Jahr über den Horizont kommt.

Östlich der Varangerhalbinsel stoßen wir auf einen weiteren Superlativ: Vardø ist die östlichste Stadt Norwegens. Sie liegt weiter im Osten als St. Petersburg und Istanbul. Genau wie Hammerfest liegt Vardø auf einer Insel. Statt einer Brücke gibt es hier als Verbindung mit dem Festland den ältesten Unterseetunnel Norwegens (rechts). Er führt fast 3 km unter der Barentsee hindurch in die Stadt. Vardø ist das Zentrum der Eismeerfischer. Die Radarkuppeln über Vardø gehörten in der Zeit des Kalten Krieges zum Frühwarnsystem der Nato. Heute erfüllen sie auch zivile Aufgaben. Vardø gilt als einzige Stadt Europas auf subarktischem Permafrostboden.

Die Südküste der ...

Die Varangerhalbinsel wurde, genau wie Südnorwegen, schon vor ca. 9.000 Jahren erstmals besiedelt. Im Freilichtmuseum von Mortensnes findet man aber nicht nur einige Original-Reste von Wohnanlagen aus vorgeschichtlicher Zeit, sondern auch die Rekonstruktion einer samischen Hofanlage, wie sie bis in die 50er Jahre des 20. Jahrhunderts in Nordskandinavien noch in Gebrauch war (oben). Torfhütten dieser Art mit einem Innenausbau aus Birkenrinde (links) wurden bereits in der Zeit der Wikinger gebaut.

... Varangerhalbinsel

Die Fischerei ist das Rückgrat des norwegischen Nordens. Alte Fischerboote, wie das in Vestre Jakobselv aufgebockte (oben) haben aber nur noch nostalgischen Wert. Beim Fang kommen modernste Techniken zum Einsatz.
Auch die „Fischveredelungsbetriebe", Kühlhäuser und Filetierfabriken sind auf dem neusten Stand. Parallel wird auch hier im Norden ein Teil des Fisches ganz traditionell haltbar gemacht, wie die großen Trockengestelle bei Nesseby (links) am inneren Varangerfjord beweisen.

Es gibt zwei gute Gründe, um die Halbinsel Store Ekkerøy am Varangerfjord zwischen Vadsø und Vardø zu besuchen: Der Felsen beherbergt eine der größten Vogelkolonien am Varangerfjord. Vom Klippenrand aus hat man in der Brutsaison von Mai bis Juli viele gute Möglichkeiten, in die Brutkolonien hinunter zu schauen. Im frühen Morgen- oder späten Abendlicht ergeben sich aber auch dann gute Fotogelegenheiten, wenn im August und September keine Vögel mehr da sind, denn der Felsen ist dann mit großen Wollgrasteppichen bedeckt (oben und links).

Varangerfjord

Hinter Kirkenes, dem Umkehrpunkt der Hurtigrute, führt die Straße RV 886 entlang des Varanger- und des Jarfjords (oben) noch 62 km weiter ostwärts bis zur Kapelle von König Oscar II. in Grense Jakobselv (rechts). Im 18. und 19. Jh. kam es zu Streitigkeiten zwischen russischen und norwegischen Fischern. Zunächst erwog die norwegische Regierung, ein Kanonenboot auf dem Grenzfluss patroullieren zu lassen, entschied sich dann aber, statt des Bootes ein „kulturelles Bollwerk" zu schaffen und errichtete 1869 die Kapelle.

Lappland

Was wäre eine Reise in das Land der Mitternachtssonne ohne einen Abstecher in die Heimat der Samen, der Urbevölkerung des hohen Nordens? Der Lebensraum der Samen reicht von der Kola-Halbinsel in Russland über den Norden von Finnland und Schweden bis nach Norwegen und dort entlang der schwedischen Grenze südlich bis zum Femundsee.

Die samische Sprache – entfernt mit dem Finnischen und dem Ungarischen verwandt – hat so stark unterschiedliche Dialekte, dass Leute aus weit entfernten Gebieten sich nicht in ihrer Muttersprache miteinander verständigen können.

Im Zentrum der Samikultur steht ursprünglich das Rentier. Jahrhunderte lang waren es die Samen gewohnt, den halbdomestizierten Rentierherden bei ihrer jährlichen Wanderung über die Tundra zu folgen. Erst im 20. Jh. sind die meisten Samen dann sesshaft geworden. Heute leben höchstens noch 10 % der Samen von der Rentierzucht.

Der Ausblick vom Galtisbuouda bei Arjeplog in Nordschweden auf den Flickenteppich aus Seen ist charakteristisch für Lappland.(großes Bild) Nationalfahne der Samen (oben).

Beim traditionellen Fischen im Eisloch (oben) kommt eine Angel aus Plastik zum Einsatz, die wie ein Spielzeug aussieht.

Die Familie Svensson präsentiert auf ihrem Hof Båtsuoj bei Arvidsjaur (links) ihren Gästen nicht eine für Touristen inszenierte Form der samischen Kultur, sondern die unverfälschte Realität des Alltags in Vergangenheit und Gegenwart. Sie organisieren Wanderungen und Safaris in die Wälder um Arvidsjaur.

Die Samen zwischen Tradition und Technik

Jahrhundertealte Traditionen aus der vorindustriellen Zeit treffen auf modernste Technik: Motorschlitten (oben), Geländemotorräder, Satellitennavigation und Hubschrauber sind aus der Rentierzucht nicht mehr wegzudenken. Im unmittelbaren Umgang mit den Tieren hat aber bisher noch in weiten Bereichen die Tradition überlebt.

Hinweis: Die in Deutschland oft verwendete Bezeichnung „Lappen", wird vor Ort von vielen als abfällig empfunden – die Bewohner Lapplands bezeichnen sich selbst als „Sami" oder eingedeutscht „Samen".

Gelebte Tradition

In Neiden bei Kirkenes steht die orthodoxe St. Georgs Kapelle. Am letzten Sonntag im August feiern dort die Skolt-Sami traditionell einen russisch-orthodoxen Gottesdienst auf den Wiesen am Neidelva. Der wenig bekannte Samistamm der Skolten stammt ursprünglich aus der Gegend des Klosters Petsamo in Russland, wurde dort jedoch nach dem zweiten Weltkrieg vertrieben. In den Wäldern nördlich des Inarisees haben sie sich in den folgenden Jahren neu angesiedelt.

Vor der Christianisierung hatten die Samen eine Naturreligion mit Elementen aus dem Schamanismus. Die Zaubertrommel (kleines Bild unten) war Symbol und wichtigstes Utensil ihrer Glaubenspraxis. Auf dem Fell der Trommel sind kleine Zeichnungen, die Elemente aus der Lebenswelt und der Mythologie der Samen darstellen. Der Schamane legte einen Ring auf das Trommelfell und schlug die Trommel mit einem kleinen Hammer. Dadurch wanderte der Ring über das Trommelfell. Je nach dem Weg, den er zwischen den Symbolen hindurch nahm, machte der Schamane seine Prophezeihung.

Die Mythologie der Samen ist voll von Geschichten über Riesen, Gnome und Waldgeister. Jari Rossi aus Muonio in Finnland trägt die alten Erzählungen in englischer Übersetzung den Touristen vor.

Schon immer haben die Samen sehr schnell einige Elemente der Kulturen, mit denen sie in Berührung kamen, in die eigene Kultur aufgenommen. Der Tracht der Skolt-Sami (links) sieht man die Nähe zu Russland deutlich an.

Kautokeino

Am Südrand der Finnmarksvidda, der Hochebene Nordlapplands, liegt eines der samischen Siedlungszentren: Kautokeino. Vor allem als Ort der farbenprächtigen samischen Osterfeier ist das Städtchen bekannt. Aber auch Reisende, die nicht gerade zu Ostern in den Ort kommen, finden in der ältesten Silberschmiede Lapplands, Juhls Silbergalerie, und im Freilichtmuseum (oben und rechts) des Ortes immer etwas Interessantes, wie alte Holzgestelle auf denen früher die Fleischvorräte raubtiersicher gelagert wurden, oder die alten Holzhäuser dessen Holzleitern dazu dienten, die Dächer im Winter von ihrer Schneelast zu befreien.

Nach alter Tradition brauchen viele Norweger auch heute noch auf ihren Reisen nicht unbedingt Restaurants. Sie sind Picknickfans. Wann immer es das Wetter erlaubt, rasten sie in der freien Natur. Entlang der Straßen finden sich an allen schönen Plätzen deshalb einfache Sitzgruppen die zur skandinavischen Ferienzeit mittags stark frequentiert werden.

Kein Waldbrand, sondern die Mitternachtssonne in einer Gewitternacht lässt den Himmel hinter einem Hügel bei Gällivare in Schweden aufleuchten (oben).

Mittsommernachtsparty

Ausgelassene Partys am Tag der Sommersonnenwende gehören zum Lebensgefühl des skandinavischen Sommers, wie hier in Harriniva am Muoniojoki, dem Grenzfluss zwischen Finnland und Schweden. Die Faustregel über den Charakter dieser Festlichkeiten lautet: „Je nördlicher desto uriger".

Lachshälften, die mit Holznägeln auf Fichtenbretter genagelt und dann am offenen Feuer gebraten werden sind eine unvergessliche Gaumenfreude.

Ruska – der Herbst in Lapplands Tundra

Plötzlich stand es da:
Ein einsames weißes Rentier im Reisa Nationalpark an der Grenze zwischen Norwegen und Schweden (oben).
Nach einem alten Glauben der Samen bringen einsame, weiße Rentiere, die unvermutet in der Tundra auftauchen, dem Wanderer eine wichtige Botschaft. Tatsächlich sieht man relativ oft gerade weiße Rentiere alleine in der Tundra. Wegen ihrer auffälligen Fellfarbe werden sie manchmal aus der Herde ausgestoßen. Weiße Rentiere sind in der Tundra für Raubtiere zu einfach zu erkennen und würden deshalb die ganze Herde in Gefahr bringen.

„Indian Summer" auf skandinavisch. Meist in den ersten beiden Septemberwochen halten die Farben im Norden Lapplands Einzug. „Ruska" nennt man diese Zeit in Finnland und auch in einigen samischen Sprachen. Auf relativ engem Raum kann man dann sehr vielfältige Farbentfaltungen beobachten – zum Beispiel im Reisa Nationalpark (oben) in Norwegen oder am Ounasjoki (rechts) in Nordfinnland. Von Mitte September bis Ende Oktober wandert dann der farbige Herbst immer weiter nach Süden. Je weiter er kommt, desto mehr verlieren allerdings die Farben ihre Leuchtkraft.

Kaamos

Die geheimnisvolle Zeit Lapplands, in der die Sonne für Wochen nicht mehr über den Horizont hinausschaut, in der es an einzelnen Tagen bis zu -50° C werden kann und in der arktische Lichtphänomene den Himmel erfüllen, nennt man in Finnland und in einigen Samisprachen „Kaamos“. Was im ersten Moment wenig einladend klingt, ist in Wahrheit die eindrucksvollste Reisezeit für den Norden Europas. Eine Winterreise mit der Hurtigrute oder eine Fahrt mit dem Hundeschlitten durch den Winter in Zentrallappland ist ein Erlebnis von so besonderer Art – ein Eintauchen in eine Welt, in der der Winter so anders ist als in Mitteleuropa – dass man es mit Sicherheit nie wieder vergisst. Wer den Norden kennenlernen will, muss ihn auch einmal im Winter bereisen.

Aurora Borealis – das Nord- oder Polarlicht – ist unvergleichlich, wenn es sich mal langsam und mal unglaublich schnell über den Himmel bewegt (links über dem Muoniojoki, unten über Köngäs in Nordfinnland).

Die Rückkehr der Sonne

Es ist ein großer Moment, wenn Ende Januar zum ersten Mal nach ein paar Wochen Dunkelheit die Sonne wieder über dem Horizont erscheint – hier am Järisjärvi bei Muonio (oben) und in Nivuonki (rechts oben). In der Festung Vardøhus wird die Sonne mit einem Kanonenschuss begrüßt. In vielen Orten des Nordens werden Feste gefeiert. Diese Freude ist berechtigt, denn wissenschaftlichen Untersuchungen zur Folge ist es nicht nur die psychologische Wirkung der Dunkelheit, die die Menschen leiden läßt, dem Körper fehlt auch physisch das Sonnenlicht.

Schneestürme mit anschließenden tiefen Temperaturen bringen interessante „Eisskulpturen" hervor, wie der Mast eines Skilifts auf dem Levitunturi (links).

Von Sturm und Schneelast gebeugt frieren die Spitzen der Fichten (rechts) manchmal am Boden fest. Sie sind erheblich elastischer als in Mitteleuropa. Erst zur Schneeschmelze richten sie sich wieder auf. Der Satz „Die Bäume schlagen im Frühjahr aus" bekommt hier eine ganz neue Bedeutung …

Ein Halo (oben an der Straße von Kautokeino nach Hetta), ein Regenbogenkranz um die Sonne mit besonders intensiven Punkten auf der Horizontalen durch die Sonne, entsteht ähnlich wie ein Regenbogen. Statt Wassertröpfchen sind es hier aber feine Eiskristalle in der Luft, die für die Lichtbrechung sorgen.

Im Stadtzentrum von Kautokeino (rechts) steht eine leuchtende Lichtsäule, die sogenannte „Untersonne". Sie entsteht, wenn das Sonnenlicht auf der Oberfläche von Schneeflocken in der Luft reflektiert wird.

Subarktische Stimmung

Gerade nördlich des Polarkreises, wo im Winter für einige Wochen die Sonne nicht mehr aufgeht, malt die Dämmerung fantastische Farben auf Schnee und Eis. Am eindrucksvollsten ist der skandinavische Winter Ende Januar in Nordlappland. Die Sonne schaut zu dieser Zeit in den Mittagsstunden bereits wieder kurz über den Horizont hinaus. Trotzdem werden an manchen Tagen noch arktische Temperaturen von bis zu –50°C erreicht. Da die Kälte im Norden aber längst nicht so feucht ist wie in unseren Breiten, sind diese Temperaturen sehr viel leichter zu ertragen, als –5°C in Deutschland. Sonnenschein in Verbindung mit solch tiefen Temperaturen sorgt für nahezu arktische Licht- und Wetterphänomene, die man nirgends sonst so bequem erleben kann wie zum Beispiel bei einer Schneeschuhwanderung durch den Pallastunturi Nationalpark in Nordfinnland (oben).

Die traditionelle Weise, im winterlichen Lappland zu reisen, ist der Rentierschlitten der Sami (oben).
Im Alltag der Rentierzüchter ist er heute vollständig vom Motorschlitten verdrängt worden. Vielerorts werden noch für Touristen Safaris mit dem Rentierschlitten angeboten. Wer längere Distanzen überbrücken möchte und wer vor allem die Kontrolle über Geschwindigkeit und Richtung behalten will, sollte auf einen Motor- (rechts) oder Hundeschlitten zurückgreifen.

Der Hundeschlitten ist die angenehmste Art zu reisen, denn Lappland ist Stille – besonders im Winter. Nur der Wind ist dann zu hören, der den Schnee zu kleinen Dünen aufwirft. Tagsüber kommt noch das Gleiten des Schlittens und das Trappeln der Hunde über den vereisten Schnee dazu, abends das Knistern des Lagerfeuers. Wer als Fotograf unterwegs ist, steigt jedoch lieber auf einen Motorschlitten. Der reagiert weniger ungehalten als die Hunde, wenn man zum zehnten Mal und mehr nach ein paar hundert Metern anhält, um schon wieder ein Foto zu machen. Schlittenhunde lieben es zu laufen und gehen voller Elan ans Werk wenn die Fahrt endlich losgeht.

Die großen Schlittensafaris des Nordens

Der Hundeschlitten: Auf dem eigentlichen Schlitten liegt das Gepäck, während der Fahrer auf dem hinteren Ende der Kufen steht und sich am Schlittenbügel festhält. Zwischen den Kufen gibt es eine Bremse. Wenn der Fahrer darauf tritt, bohrt sich eine Kralle in den Schnee. Auf jedem Schlitten liegt ein Sack mit zu Barren gefrorenen Fleischstücken. Am abendlichen Rastplatz wird ein Barren und etwas Schnee geschmolzen. Daraus entsteht eine kalte „Suppe", mit der die Hunde nicht nur ihren Nahrungs-, sondern auch ihren Flüssigkeitsbedarf decken. Zum Schlaf ziehen die Hunde ihre Pfoten ein, rollen sich zusammen, legen ihren Schwanz – die Rute – über ihre Nase und lassen sich einschneien. Wenn am nächsten Morgen die Temperatur auf unter -40°C gefallen ist, steht ein unfreiwilliger Ruhetag bevor. Strengen sich die Hunde bei solcher Kälte zu sehr an, können ihre Lungenbläschen gefrieren. Die Tiere könnten dann mitten im Lauf plötzlich tot umfallen. Glücklicherweise ,sind diese Temperaturen nicht von langer Dauer, ehe sie wieder auf angenehme -30°C ansteigen.

Abenteuer Hundeschlitten

Den Teilnehmern organisierter Schlittentouren bleibt es erspart, abends selbst ein Zelt aufbauen zu müssen. Solide gebaute Zelte im Stil der traditionellen Samenzelte, Lavvu genannt, warten schon auf Gäste (oben).

Die Kälte, das Balancieren des Schlittens, die Arbeit mit den Hunden – das kostet Kraft. Wer abends am Lagerfeuer sitzt, schaut bewegungslos in das Flackern des Feuers und lauscht seinem Knacken und Knistern. Die Samen sagen, der Geist sei dann auf einer weiten Reise, wobei die Samen stundenlang am Feuer ausharren können ohne ein Wort miteinander zu wechseln – in stiller Harmonie (links).

Zu jeder Reise nach Lappland gehört natürlich auch ein Besuch in der Sauna. Nach dem großen Schwitzen muss man sich ja bekanntlich ordentlich abkühlen. Zu diesem Zweck werden in die Eisdecke von Seen und Flüssen entsprechende Badelöcher geschnitten (links). Das ist eine nicht so große Überwindung, wie es aussieht. Unangenehm ist vor allem der eiskalte Wind. Deshalb wird um besonders komfortable Eislöcher ein Paravent aus Eisblöcken aufgebaut (oben), der den Wind abhält. Wenn er dann auch noch von hinten mit Petroleumlampen beleuchtet wird, sieht das ganze richtig warm und gemütlich aus …

Die Eiswelt hautnah

Im Wildniscamp Vuontisjärvi (oben) gibt es zwar keinen Strom, aber die spezielle Straßenbeleuchtung sorgt trotzdem für helle Wege. Die leuchtenden Säulen bestehen aus massivem Eis. Vier dünne, gegeneinandergestellte Eisplatten geben oben drauf den nötigen Windschatten, um eine Kerze sicher brennen zu lassen.

Eine Übernachtung in einem Hotel aus Eis, hier im finnischen Hetta (rechts) ist ein ganz besonderes Erlebnis. Man schläft auf einem Eisblock, der mit einer dicken Schicht von Rentierfellen gepolstert ist bei einer Zimmertemperatur -4°C bis -9°C. Das bekannteste Eishotel ist in Jukkasjärvi bei Kiruna in Schweden. Vor allem die Ausstellung kunstvoller Eisskulpturen, die natürlich jedes Jahr neu geschaffen werden müssen, ist dort sehenswert.

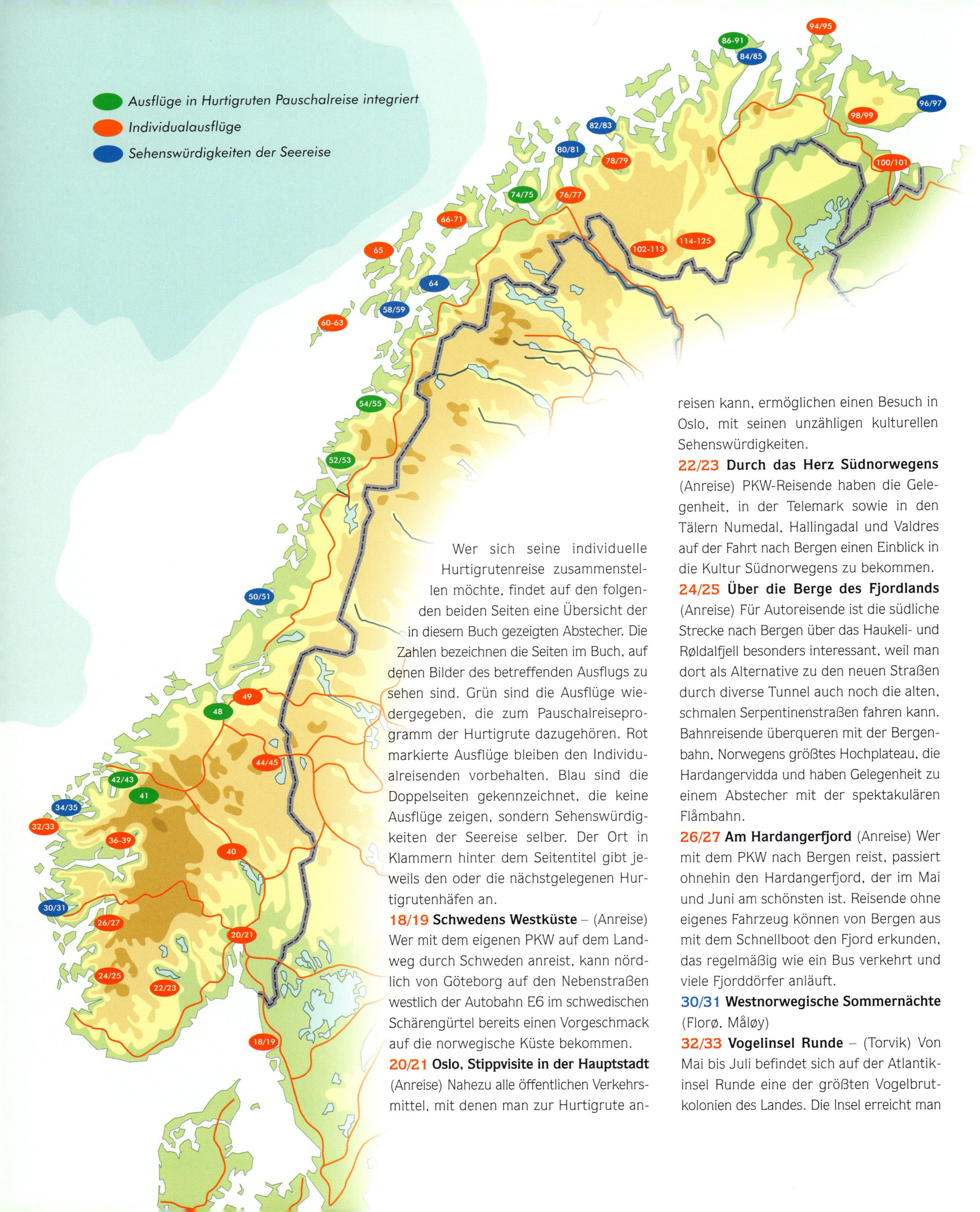

Wer sich seine individuelle Hurtigrutenreise zusammenstellen möchte, findet auf den folgenden beiden Seiten eine Übersicht der in diesem Buch gezeigten Abstecher. Die Zahlen bezeichnen die Seiten im Buch, auf denen Bilder des betreffenden Ausflugs zu sehen sind. Grün sind die Ausflüge wiedergegeben, die zum Pauschalreiseprogramm der Hurtigrute dazugehören. Rot markierte Ausflüge bleiben den Individualreisenden vorbehalten. Blau sind die Doppelseiten gekennzeichnet, die keine Ausflüge zeigen, sondern Sehenswürdigkeiten der Seereise selber. Der Ort in Klammern hinter dem Seitentitel gibt jeweils den oder die nächstgelegenen Hurtigrutenhäfen an.

18/19 Schwedens Westküste – (Anreise) Wer mit dem eigenen PKW auf dem Landweg durch Schweden anreist, kann nördlich von Göteborg auf den Nebenstraßen westlich der Autobahn E6 im schwedischen Schärengürtel bereits einen Vorgeschmack auf die norwegische Küste bekommen.

20/21 Oslo, Stippvisite in der Hauptstadt (Anreise) Nahezu alle öffentlichen Verkehrsmittel, mit denen man zur Hurtigrute anreisen kann, ermöglichen einen Besuch in Oslo, mit seinen unzähligen kulturellen Sehenswürdigkeiten.

22/23 Durch das Herz Südnorwegens (Anreise) PKW-Reisende haben die Gelegenheit, in der Telemark sowie in den Tälern Numedal, Hallingadal und Valdres auf der Fahrt nach Bergen einen Einblick in die Kultur Südnorwegens zu bekommen.

24/25 Über die Berge des Fjordlands (Anreise) Für Autoreisende ist die südliche Strecke nach Bergen über das Haukeli- und Røldalfjell besonders interessant, weil man dort als Alternative zu den neuen Straßen durch diverse Tunnel auch noch die alten, schmalen Serpentinenstraßen fahren kann. Bahnreisende überqueren mit der Bergenbahn, Norwegens größtes Hochplateau, die Hardangervidda und haben Gelegenheit zu einem Abstecher mit der spektakulären Flåmbahn.

26/27 Am Hardangerfjord (Anreise) Wer mit dem PKW nach Bergen reist, passiert ohnehin den Hardangerfjord, der im Mai und Juni am schönsten ist. Reisende ohne eigenes Fahrzeug können von Bergen aus mit dem Schnellboot den Fjord erkunden, das regelmäßig wie ein Bus verkehrt und viele Fjorddörfer anläuft.

30/31 Westnorwegische Sommernächte (Florø, Måløy)

32/33 Vogelinsel Runde – (Torvik) Von Mai bis Juli befindet sich auf der Atlantikinsel Runde eine der größten Vogelbrutkolonien des Landes. Die Insel erreicht man von Torvik aus mit dem PKW oder dem Bus.

34/35 Ålesund und Geirangerfjord (Ålesund, Geiranger)

36-39 Schneeschmelze im Fjordland (Alle Häfen von Bergen bis Kristiansund) Für Reisende mit dem eigenen PKW ist es zur Zeit der Schneeschmelze im Mai und Juni ein besonderes Erlebnis, die quer zu den Fjorden verlaufenden Gebirgsstraßen zu fahren, weil man dann im Auf und Ab der Gebirgspässe einen ständigen Wechsel zwischen Frühling und Winter durchlebt.

40 Gudbrandsdal und Seitentäler (Molde, Kristiansund, Trondheim) Wer nur den südlichen Teil Norwegens bereisen will, kann per PKW, Bus oder Bahn durch das Romsdal und das Gudbrandsdal nach Oslo zurückkehren – eine Strecke mit vielen kulturellen Sehenswürdigkeiten.

41 Trollstigen (Geiranger, Molde)

42/43 Molde und Romsdalfjord (Molde)

44/45 Røros und der Femundsee (Trondheim) Mit PKW, Bahn oder Bus erreicht man von Trondheim aus die alte Kupferbergbaustadt Røros, die zum Weltkulturerbe zählt, und den Femundsee mit seinem Wandergebiet im Osten, das besonders im Herbst bereits einen Vorgeschmack auf Lappland bietet.

48 Trondheim

49 Trøndelag (Trondheim, Rørvik) Die Gegend um Trondheim bietet viele Spuren norwegischer Geschichte. Zwar kann man einige von ihnen auch mit dem Bus besuchen, ein PKW ist hier aber klar von Vorteil.

50/51 Die Spur der Trolle (Brønnøysund, Sandnesjoen)

52/53 Svartisen (Nesna, Ørnes)

54/55 Saltstraumen (Bodø)

58/59 Die Häfen der Lofoten (Stamsund, Svolvær)

60-63 Sommerabende auf den Lofoten (Stamsund, Svolvær) Wer auf öffentliche Verkehrsmittel angewiesen ist, findet in Svolvær verschiedene Angebote für Erkundungstouren über die Lofoten: Schnellboote, Busse und Mietwagen. Als Unterkunft bieten sich die Rorbu an, die traditionellen Lofotenhütten, in denen die norwegischen Fischer übernachten, wenn sie zwischen Februar und April zum Fischen auf die Inseln kommen. Im Sommer sind sie stilechte Unterkünfte für Touristen. Eine Fahrt über die Inseln lohnt vor allem auch deshalb, weil die Inseln nach Süden hin immer spektakulärer werden – und das wirklich zu jeder Jahreszeit.

64 Raftsund und Trollfjord (Svolvær, Stokmarknes)

65 Vesterålen (Stokmarknes, Sortland, Risøyhamn, Harstad) Von den Vesterålenhäfen Nyksund und Andenes aus starten Boote zu den Fischgründen der Pottwale vor der norwegischen Küste. Wer eine Walsafari mitmachen möchte, erreicht Nyksund nur mit dem eigenen PKW, Andenes hingegen auch mit dem Bus. Walsafaris finden in den Monaten Juni bis August statt.

66-71 Senja (Finnsnes) Senja ist die abwechslungsreichste Insel Norwegens, die viele Landschaften des Landes in sich vereinigt. Die schönsten Jahreszeiten auf Senja sind die Zeit der Mitternachtssonne und der Herbst. Aufgrund der wenigen öffentlichen Verkehrsmittel auf der Insel, ist hier ein PKW fast unverzichtbar.

74/75 Tromsø, das Paris des Nordens

76/77 Am Lyngenfjord (Tromsø, Skjervøy) Die Berge auf der Westseite des Lyngenfjords ragten in der letzten Eiszeit teilweise über die Gletscher hinaus. Statt rundgeschliffener Kuppen bieten sie deshalb eine im Norden Norwegens eher ungewöhnliche Alpenkulisse. Den Fjord erreicht man per Bus von Skjervøy oder per PKW von Skjervøy oder Tromsø.

78/79 Im nordnorwegischen Fjordland (Skjervøy, Øksfjord) Per Bus oder PKW erreicht man von Skjervøy und Øksfjord den abwechslungsreichsten Teil des nordnorwegischen Fjordlands zwischen Lyngenfjord und Altafjord, dessen vorgeschichtliche Felsbilder zum Weltkulturerbe gehören.

80/81 Am Rande des Nordpolarmeers (Skjervøy, Øksfjord, Havøysund)

82/83 Hammerfest, die nördlichste Stadt der Welt

84/85 Honningsvåg auf Magerøya

86-91 Magerøya (Honningsvåg)

94/95 Nordkinn – am Nordrand des Festlands (Mehamn, Kjøllefjord) Das Nordende des europäischen Festlandes ist touristisch fast gar nicht erschlossen. Wer dort den unverfälschten Charme der Eismeerküste erleben möchte, sollte einen PKW mitbringen.

96/97 Vardø und die Varangerhalbinsel (Berlevåg, Båtsfjord, Vardø)

98/99 Die Südküste der Varangerhalbinsel (Vadsø) An der Südküste der Varangerhalbinsel lebt eine finnische Minderheit in Norwegen. Die kulturelle Eigenart und landschaftliche Schönheit der Region kann man von Vadsø aus mit Bus oder PKW erkunden.

100/101 Am Varangerfjord (Vadsø, Kirkenes) Die subarktische Natur am Varangerfjord mit ihren sommerlichen Vogelkolonien und Wollgrasteppichen oder ihrer herbstlichen Farbenpracht sowie die kulturelle Eigenständigkeit der Menschen im Dreiländereck von Norwegen, Finnland und Rußland sind gute Gründe, um sich für eine Fahrt per Bus oder PKW um den Varangerfjord Zeit zu nehmen.

102-113 Anhang 1: Lappland (Bodø bis Kirkenes) Die Samen sind die westlichste der ursprünglich rentierzüchtenden Urbevölkerungen an der Nördküste von Europa und Asien. PKW und Bus sind geeignete Verkerhsmittel, um die Natur und Kultur ihrer Heimat zu erkunden. Eine besonders schöne Jahreszeit dafür ist der farbenprächtige Herbst, den manche auch den „Indian Summer Europas“ nennen.

114-125 Anhang 2: Kaamos (Bodø bis Kirkenes) Mitte Januar bis Mitte Februar ist die beste Jahreszeit für eine Winterreise nach Lappland. Die Sonne kommt dann zwar schon wieder kurz über den Horizont, die Nächte sind aber noch lang genug, um Gelegenheit zu bieten, das Polarlicht zu sehen, und die Tage sind kalt genug, um eine beinahe arktische Atmosphäre erlebbar zu machen. Eine kombinierte Reise aus Hurtigrute, Mietwagen und Flug ist der bequemste und sicherste Weg, den winterlichen Norden zu erkunden.

Nachwort

Die Fahrt mit der Hurtigrute ist eine nordische Seereise mit Wind, Wetter und Wellen. Auch wenn die Schiffe der Flotte den großen Kreuzfahrtschiffen immer ähnlicher werden, wird die Hurtigrute etwas Besonderes bleiben, solange sie auch Fracht transportiert, solange sie ein öffentliches Verkehrsmittel bleibt, bei dem man beliebig aus- und einsteigen kann und solange sie sich ihren Charakter einer echten Seefahrt bewahrt. Mein herzlicher Dank gilt allen, die mich auf meinen Reisen begleiteten und sich bereitwillig fotografieren ließen. Vor allem aber danke ich den wunderbaren Menschen, die ich in Norwegen und Lappland getroffen habe und von denen ich so viel über ihr Land lernen durfte. Ohne sie gäbe es weder dieses Buch noch meine Vorträge. Ein besonderer Dank gilt auch Jan Tölle vom Tecklenborg-Verlag, der für die Auswahl der Bilder und die Gestaltung des Layouts verantwortlich zeichnet. Danke für die gute Zusammenarbeit!

Klaus-Peter Kappest, Hilchenbach

Reise-Tipp

Zu jeder Jahreszeit gehören vor allem winddichte Kleidung, Mütze, Schal und Handschuhe ins Reisegepäck. Manchmal liegen die Temperaturen im Sommer nur bei 10° C, verbunden mit einem kalten Wind. Im Sommer kann es aber auch im Norden mal bis zu 30° C warm sein. Auf beides muss man sich einstellen.
An Bord der Hurtigrutenschiffe kann aber auch an warmen Tagen der Nordwind, der direkt vom Nordpol kommt, für ein unangenehmes Gefühl sorgen, wenn die Kleidung ihn nicht zuverlässig draußen hält. Für eine Reise auf der Hurtigrute reicht im Winter normale warme Kleidung mit einem absolut winddichten Mantel aus. In Lappland, wo die Temperaturen auch einmal bis -50° C sinken können, ist jedoch Spezialkleidung angesagt, die man sich – zum Beispiel für Touren mit dem Hundeschlitten – in den Hotels ausleihen kann. Zu jeder Jahreszeit muss man sich auf Regen einstellen, der zu Norwegens Küste dazu gehört wie die Sonne zur Riviera.

Foto: Wolfgang Thiedig

Fotografisches

Alle Aufnahmen in diesem Band sind mit Leica Kameras und Objektiven gemacht. Folgende Objektive kamen beim Fotografieren in Norwegen und bei den Fahrten mit der Hurtigrute zum Einsatz: Elmarit-R 1:2.8/24 mm; Apo-Macro-Elmarit-R 1:2.8/100 mm +; Elpro 1:2 – 1:1 + Macro-Adapter-R; Apo-Telyt-R 1:4/280 mm; Vario Elmar-R 1:4/35-70 mm; Vario Elmar-R 1:4/80-200 mm; Gehäuse: R8 und R6.2 – Meine Lieblingskamera ist die Leica R8, weil sie gut in der Hand liegt, sehr zuverlässig ist und man durch die übersichtliche Gestaltung sie in jeder Situation bequem bedienen kann. Wo immer es möglich ist, setze ich die Kamera auf ein Stativ. Lediglich an Bord von Schiffen oder bei ähnlich schwankendem Untergrund halte ich die Kamera in der Hand. Ein wirklich stabiles Stativ ist meiner Meinung nach eine noch wichtigere Voraussetzung für gute Fotos als ein gutes Kamerasystem. Ferner bremst das Stativ den Fotografen. Man wird gezwungen, mehr Zeit auf ein Bild zu verwenden. Dadurch wird die Bildgestaltung bewusster und somit die Aufnahme auch insgesamt besser. Die besondere Stärke des Leica R-Sys-tems ist die Qualität der Objektive. Selbst wenn man ein mit einem Leica Objektiv entstandenes Kleinbild-Dia auf eine Breite von 6 Metern projiziert, wirkt das Bild für den Betrachter, der unmittelbar vor der Leinwand steht, immer noch scharf und detailreich.

ALLE MÄDCHEN LIEBEN PFERDE

ROBERT VAVRA

Schuler Verlagsgesellschaft mbH
Herrsching

Schuler Verlagsgesellschaft mbH, Herrsching
Layout: der Autor
Repros: Cromoarte, Barcelona
Übersetzung von Studio Sandonà – Mailand
Satzherstellung: Satz + Repro Falkner GmbH, Inning/A.
Druck und Bindung: Gruppo Editoriale Fabbri S.p.A., Mailand
Printed in Italy by Gruppo Editoriale Fabbri S.p.A., Mailand

ISBN 3-7796-5194-7

Layout: der Autor

INHALT

EINLEITUNG

»Ach diese pferdeverrückten Mädchen! Auf der Suche nach geeignetem Material für mein Buch über Sport in Amerika begegnete ich gleich Dutzenden von ihnen,« rief James A. Michener aus und lehnte sich bequem in seinem Flugzeugfauteuil zurück; wir befanden uns auf dem Rückflug von San Diego nach Denver. »Sie alle arbeiteten für praktisch keinerlei Entgelt als Stallgehilfinnen oder bewegten die Pferde einfach im Galopp. An Geld waren sie kaum interessiert; wichtig allein schien ihnen in der Nähe der Tiere zu sein.«

Was Michener damals erzählte, konnte auch ich bestätigen, als ich die darauffolgenden vier Jahre damit verbrachte, um die Welt zu reisen und photographisch und schriftlich alles Interessante über Pferde festzuhalten. In allen Ländern nicht-lateinischen Ursprungs waren es in der Überzahl Frauen, die eine überragende Karriere mit Pferden gemacht hatten, oder die sie einfach am meisten liebten.

Es ist eine erwiesene Tatsache, daß viele Mädchen zwischen Kindheit und Erwachsenwerden ihre ganze Aufmerksamkeit auf Pferde lenken und sich erst viel später für Jungen zu interessieren beginnen; diese wiederum widmen ihre ganze Energie dem wettkampfmäßig betriebenen Sport. Woran könnte ein derartiges Verhalten liegen? Das Pferd ist ein romantisches Symbol, mit dem sich der Reiter identifizieren kann; ein widerspruchsfreier Gefährte, ein Freund, der keine Bedingungen stellt. Trotz seiner riesigen Größe und körperlichen Kraft kann man es anschreien, herumführen, bestrafen und es – zumindest die meiste Zeit – zu gutem Benehmen anhalten. Ein Vater weist seine Tochter wegen irgendeiner Angelegenheit scharf zurecht; diese sucht dann das Pferd zum Trösten auf (»Beauty, wenigstens du hast mich lieb, was immer ich auch anstelle.«) – oder benimmt sich im konträren Fall dem Tier gegenüber auch aggressiv: ein Zurschaustellen von Macht – eine Art Pickordnung. Das Pferd ist eine abhängige Kreatur, das gefüttert, getränkt, gebürstet, gepflegt – und meistens auch noch

bemuttert werden muß. Es ist ein riesiges, warmblütiges Tier, auf das man sich hinaufsetzen oder sich ausstrecken kann; man kann es streicheln, liebkosen, kann mit ihm schmusen und in Babysprache albern; darüberhinaus ist es ein von der Gesellschaft akzeptiertes Objekt für körperliche Zuneigung; das ist besonders in der angelsächsischen Gesellschaftsordnung wichtig, wo im allgemeinen der öffentliche Austausch von Zärtlichkeiten als anstößig empfunden wird. Das Pferd bedeutet Abenteuer; es ist ein Mittel zur Freiheit, zum Verstehen und Einswerden mit der Natur.

Bis vor kurzer Zeit, als die meisten Schulen nur wenige Sportmöglichkeiten anbieten konnten, wie z.B. Laufbahnen und große Sportplätze, war das Pferd des öfteren die Lösung für die Erfüllung dieses Spaßes oder dieser Aufregung im sportbegeisterten Mädchen. Mit ihm konnte es Faßrennen (das sind Hindernisläufe rund um aufgestellte Fässer zu Pferd), jagen, springen und sich an einer Fülle von anderen sportlichen Wettkämpfen beteiligen.

Wie auch immer, dieses Buch ist nicht den Beweggründen gewidmet, warum Mädchen so stark von Pferden angezogen werden; noch soll es die frühen Jahre der Pferdenärrinnen beschreiben, wo Porzellanpferde die Regale füllen, bis vielleicht ein eigenes wirkliches Pferd im Hintergarten grast.

Dieses Buch erzählt die Geschichten von elf außergewöhnlichen jungen Frauen, die die Pferde zum Mittelpunkt ihres Lebensinhaltes gewählt haben. Einige von ihnen sind Professionelle, andere reine Amateure. Die Bezeichnung »Mädchen«, wie sie im Titel verwendet wird, ist dem Sprachgebrauch meiner achtzigjährigen Tante Bee entnommen, die oft von Kartenpartien mit »ihren Mädchen« erzählt; (es sei hinzugefügt, daß diese samt und sonders weit über fünfzig sind) – eine mehr weltanschauliche als wahrheitsgetreue Beschreibung. Das Alter der Reiterinnen liegt zwischen sechzehn und achtundzwanzig, obwohl ich auch so manches siebzigjährige »Mädchen« kennengelernt habe, das sich mit gleichem Eifer seiner Karriere, dem Sport selbst oder dem Tier widmete, wie jede, der in diesem Buch beschriebenen jungen Frauen.

Um zu den Photographien zu gelangen, reiste ich in klirrender Februarkälte von den Bergen Kanadas bis in die spanische Augusthitze, reiste nach Deutschland, England, Frankreich, Mexico und in vier Länder der Vereinigten Staaten. Und wo immer ich mich auch besuchsweise aufhielt, fiel mir die gemeinsame geistige Sprache auf, die allen Reiterinnen in gleicher Weise eigen war, obwohl sie völlig unterschiedlichen phonetischen Sprachursprungs waren: überall gab es die gleiche Hingabe und die gleiche Liebe zu den Pferden. Und alle waren überaus eifrig bemüht, die jeweils Besten ihrer Klasse zu sein.

Beim Durchblättern dieser Seiten muß ich immer wieder an die nunmehr vertrauten elf Gesichter denken; es ist erstaunlich und gleichzeitig ermutigend, daß die meisten der Mädchen Familien entstammten, deren wirtschaftliche Verhältnisse nur unbedeutsam zu ihren Erfolgen beitrugen. Kein Mädchen, das sich dieses Buch zum Vorbild nehmen will, benötigt daher Unmengen von Geld, um das zu erreichen, was diesen jungen Frauen gelungen ist. Was aber unbedingt erforderlich ist, sind Hingabe, Geduld, Entschiedenheit und vor allen Dingen ein tiefes Verständnis für Pferde.

Da alle dieser jungen Frauen in diesem Buch von sich selbst in der Ich-Form erzählen, verwenden sie natürlich auch ihren eigenen Sprachgebrauch, wenn sie ihr außergewöhnliches Leben mit und unter Pferden beschreiben. Wir vernehmen so die Stimme von Shannon Fleming aus Canada, genauso wie die von Maria Elena Castaneda, die ihren Werdegang in Mexico beschreibt. Beim Lesen ihrer Botschaft wird der Leser die Freude und die Erfüllung der Reiterinnen nachempfinden, die die Liebe zu Pferden in ihr Leben gebracht hat.

SHANNON FLEMING
Canada

Als mich die Universität Calgary bat, als Bankettsprecher an einem dreitägigen Symposium über Pferde mitzuwirken, nützte ich die Gelegenheit, den Programmdirektor nach einer außergewöhnlichen kanadischen Reiterin zu fragen, die mir für mein Buch noch fehlte. Monate später wurde mir Shannon Fleming vorgestellt: eine gutaussehende, charmante und wohlerzogene junge Dame, die als einzige Frau die kanadischen Meisterschaften im Cutting gewann – und das gleich zweimal. (Unter »Cutting« versteht man eine Reitdisziplin beim Rodeo, wo einzelne Rinder vom Reiter aus der Herde getrennt (= geschnitten) werden müssen. Da diese Sportart ausschließlich in Amerika praktiziert wird, wird es in allen europäischen Sprachen unter der englischen Bezeichnung »cutting« geführt.)

Es war gerade Februar und es lag Schnee, als ich in der Ranch von Shannons Vater ankam, um sie zu photographieren. Jederman hatte angenommen, ich würde mit Shannon in der Reithalle arbeiten. Als ich ihr erklärte, ich arbeite nur mit natürlichem Licht und sie daher beim Reiten im Schnee photographieren wollte, sah ich natürlich erstaunte Gesichter. Sie behaupteten, es sei zu gefährlich, im Freien zu arbeiten, sowohl für Shannon, als auch für die Pferde, die sehr kostbar waren.

Meine Enttäuschung muß offensichtlich gewesen sein, aber nachdem Shannon mein Problem auseinandergesetzt worden war, erklärte sie sich einverstanden, im Freien mit den Rindern ein Cutting versuchen zu wollen, solange sie sicher war, ihr Pferd nicht in Gefahr zu bringen.

Nur selten war ich zuvor von der Leistung eines Pferdes so beeindruckt gewesen, wie ich es beim Anblick von Strato, dem Quarter-Horse-Hengst von Shannons Vater, in voller Aktion war. (»Quarter-Horses« sind eine mittelamerikanische Pferdezüchtung, deren Fell sich durch einen dunkelgoldgelben einheitlichen Farbton auszeichnet; Schweif und Mähne haben ebenso wie auch die Wimpern die gleiche Haarfarbe wie das Fell.) Bei den meisten anderen reiterischen Aktivitäten, die ich photographiert habe, war das Pferd dem Reiter eindeutig unterlegen. Hier hingegen auf den kanadischen Schneefeldern konnte ich einen Hengst bewundern, der fast immer auf gleicher Ebene mit dem Rind war. Auf den meisten Photographien sind die Zügel völlig locker; das Pferd übernimmt die Beinkommandos und verlangt meistens selbst nach den Schlägen. Man hatte den Eindruck, ein auf sich allein gestelltes Pferd in der Wildnis zu sehen, das vom Menschen noch nicht völlig gedrillt und dominestiziert worden ist. Strato konzentrierte sich intensiv auf jedes einzelne Rind und bedachte jeden möglichen Fluchtversuch eines Tieres vor, indem er nach vorne schoß und so jede weitere Flucht unmöglich machte. So zwang er das Rind, zur Herde zurückzukehren. Wie wunderbar für ein Pferd, dachte ich, den angeborenen natürlichen Herdeninstinkt so nützlich anwenden zu können – ein vorgezeichneter Führungstrieb, ein zutiefst ursprünglicher Akt der Natur.

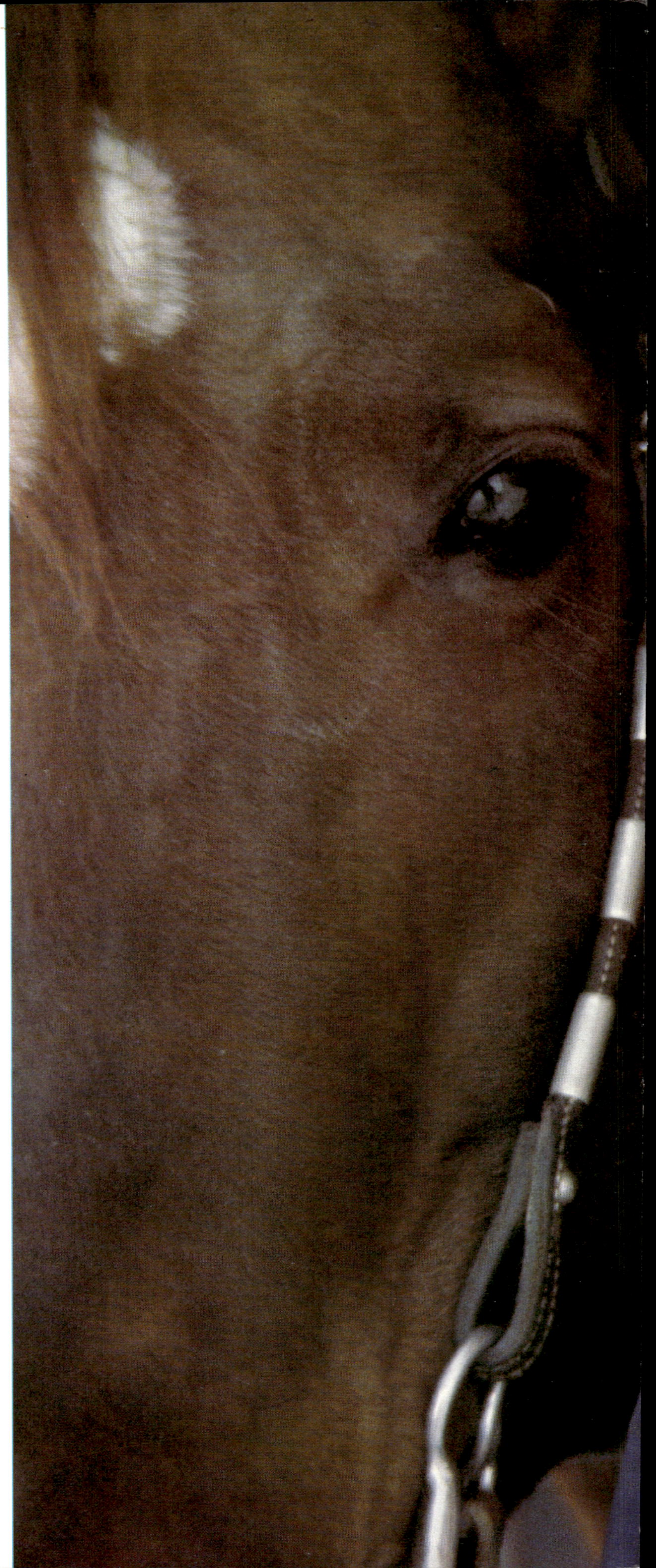

2

Ich wurde am 24. Juli 1954 in Edmonton, einer Stadt in Zentralalberta, geboren. Als ich noch sehr klein war, übersiedelte meine Familie nach Calgary und hier in und um Calgary habe ich auch fast die ganze Zeit meines bisherigen Lebens verbracht. Ich glaube, daß Tiere in meinem Leben immer eine sehr wichtige Rolle gespielt haben, denn eine meiner frühesten Entscheidungen, an die ich mich erinnern kann, war die, Plüschtiere rangmäßig weit über Puppen und anderes Spielzeug zu stellen. Auch hatte ich einen imaginären Freund namens Pawny, der einem Zentaurus gewaltig ähnelte, nur mit dem Unterschied, daß er auswählen durfte, ob er beim Spielen gerade lieber Pferd oder Reiter sein wollte. Ich glaube, daß die Kraft, mit der manche Dinge dieser Welt zu uns sprechen, etwas mit dem Bedürfnis zu tun hat, wieviel wir von ihnen lernen können oder müssen. Manchmal erscheint uns die Welt wie eine gigantische Schule, an der wir lernen und reifen sollen. Vielleicht war Pawny für mich eine Art symbolischer Talisman für meinen Werdegang, denn es waren immer nur Menschen und Pferde, die mein Interesse am meisten beansprucht haben. Vielleicht war es auch Schicksal, daß Pawny an einigen Körperstellen um sich selbst drehbar war – denn es gab in gleicher Weise Menschen, die mich Pferde zu verstehen lehrten, wie es Pferde gab, durch die ich die Menschen zu verstehen lernte.

Eine der einflußreichsten Personen in meinem Leben und auch gleichzeitig der Erste, der mir überhaupt etwas über Pferde erzählte, war mein Großvater mütterlicherseits, mein Opa Nett. Ich nannte ihn Snooky, was für mich die Bezeichnung innigster Herzlichkeit verkörperte; auch wenn ich heute an ihn denke, erwärmt die Erinnerung an sein freundliches und liebevolles Wesen mein Herz und erfüllt mich mit tiefer Zuneigung. Er rauchte immerzu Pfeife und trug stets eine Reitgerte bei sich; jede seiner Gebärden zeugte von dankbarer Lebensfreude. Snooky lebte vom Rinderhandel, und ich erinnere mich, ihn immer hinaus auf die Felder und Weiden begleitet zu haben, wenn unsere Familie zu Besuch kam. In seinem Auto hatte er eine eigentümliche Hupe, die mich immer faszinierte; sobald er sie betätigte, kamen die Rinder von allen Seiten heran und näherten sich dem parkenden Auto. Irgendwann später einmal hat er dann auch mit den Pferdekäufen begonnen, und ich erinnere mich noch genau an seine Gründlichkeit, mit der er sie untersuchte,

(1) Die zweifache Weltmeisterin im Cutting-Wettbewerb, die Kanadierin Shannon Fleming, mit ihrem Quarter-Horse Hengst Strato Chief.

Dieser aus rohem Leder und Roßhaar bestehende Sattel (3) wird solange für junge Pferde verwendet, bis sie vollständig eingeritten, das heißt reif für Zügel, Zaumzeug, Trense oder (4) Doppeltrense sind. (5).

3

4

5

6

bevor er einen Kauf abschloß. Zuerst untersuchte er ihre Zähne und Hufe und sah ihnen dann lange und eindringlich in die Augen; dabei beobachtete er sorgfältig ihre Kopfbewegungen. Großvater sagte immer, daß man den Wert eines Pferdes am besten an seinem Blick erkennen könnte. Ein Pferd mit freundlichen Augen und samtigem Blick würde durch sein treues Wesen jeden möglichen körperlichen Mangel ausgleichen.

Als ich acht Jahre alt war, erwarb meine Familie in der Nähe von Calgary neues Land, und so kam es auch, daß meine Eltern, die immer ein offenes Gehör für die geheimen Wünsche ihrer Kinder hatten, meiner Schwester Marilyn und mir ein Pferd kauften. Wir nannten es Smokey und es erwies sich gleich zu allem Anfang als große Enttäuschung. Nachdem es ihm geglückt war, die gesamte Familie zumindest einmal abzuwerfen, reifte in uns der Entschluß, dieses Pferd bald wieder loszuwerden und gegen ein anderes einzutauschen. Diesmal ließen wir es uns von Snooky aussuchen. Großvater entschied sich für zwei gekreuzte Welsh-Quarter-Pferde, denen wir bezeichnenderweise die Namen Blackie und Queenie verliehen. Blackie hatte bis auf einen weißen Stern auf der Stirn ein komplett schwarzes Fell und sollte nun für die nächsten vier Jahre mein Pferd sein. Als Marilyn und ich den Wunsch äußerten, unsere Pferde bei kleineren Reitveranstaltungen vorzuführen, hielten es meine Eltern für angebracht, uns Reitstunden geben zu lassen.

Die Tatsache, einmal mit diesen kleinen Shows begonnen zu haben, muß so etwas wie eine Kettenreaktion auslösen, die mit dem Vorzeigen von Pferd und Reiter beginnt und eventuell mit größeren Pferdeankäufen endet. Kaum daß Blackie einigermaßen abgerichtet war, erschienen unsere Eltern fast regelmäßig in den Reithallen. Es hatte den Anschein, daß Dad immer weniger Zeit auf dem Golfplatz zubrachte und sich immer öfter mit dem Transportieren von Pferden beschäftigte; wie oft mußte er fetttriefende ‚Hamburger' in sich hineinessen, während er den Vorführungen oder den Rodeos der Mädchen beiwohnte. Auch Mom war immer öfter an den Wochenenden hinter den hölzernen Boxen anzutreffen, und es kam auch immer häufiger vor, daß sie ganze Abende das Ende unserer schier endlosen Reitstunden abwartete, um uns danach nach Hause zu bringen. Allerdings schien es den beiden nicht allzuviel auszumachen, und ich frage mich, ob sie damals schon ahnten, daß sich die-

Hier longiert Shannon (6) Kilebar San, einen vierjährigen Wallach; danach (7) reitet sie ihn im Training; Kilebar ist auf der Ranch auf die Welt gekommen und ist der Sohn des Cutting-Horse-Weltmeisters Peppy San.

7

ses ganze Theater mit dem Heranwachsen meines Bruders Bob wiederholen sollte.

Einmal während unserer wöchentlichen Reitstunde zeigte mir mein Reitlehrer einen großen Fuchswallach und eine kleines braunes Rind. Ich war damals dreizehn und hatte bis dahin nur Quarter Pferde geritten und sie auf Shows bei Faßrennen, Ziegenfang und Rinderreiten gezeigt. Auf jeden Fall war meine erste Begegnung mit einem Cutting-Pferd so, wie ich sie mir nie erträumt hätte. Zwar betrieb ich weiterhin die anderen Reitdisziplinen, aber sie wurden für mich im Lauf der Zeit immer nebensächlicher. In der Zwischenzeit war ich sechzehn geworden, und mein einziger heißer Wunsch war es, das Rinder-Cutting auszuprobieren. Für meine Begriffe war das Wesen eines Pferdes beim Cutting viel offensichtlicher erkenntlich als bei jeder anderen Reitdisziplin. Das Pferd reagiert nicht nur blitzartig auf jede Bewegung des Rindes, sondern es ahnt sie bereits voraus und beugt so vor. Es wird dabei so etwas wie eine höhere Wahrnehmungsstufe beansprucht – eine Fähigkeit, die ich bis dahin noch nicht bedacht hatte, die mich aber schwer interessierte.

Zu dieser Zeit besaß mein Vater eine Palomino-Stute namens Sandy Gold, die ursprünglich als Cutting-Pferd abgerichtet worden war. Sandy war schon ziemlich alt und sehr fest gebaut; sie verhalf mir zu einem grundlegenden Verständnis für diesen Sport. Bald versuchte ich, meine bescheidenen Kenntnisse auch am jungen Fuchswallach auszuprobieren, den ich damals für die Shows verwendete. Aber ich mußte bald einsehen, daß ich gerade erst fähig war, ein geübtes Cutting-Pferd zu reiten und so beschränkten sich unsere Ritte auf ein ständiges Verlassen und Eindringen in die Herde.

Um diese Zeit starb auch mein Großvater Nett. Das Geld, das er meiner Mutter hinterlassen hatte, legte sie für uns drei Kinder auf einer Bank an. Meinen Anteil investierte ich in eine kleine braune Stute mit dem freundlichen, treuen Benehmen, wie es Großvater immer geschätzt hatte; sie hieß Sassy Britches. Sassy war nie besonders auffallend oder überragend, aber ihre zähe Ausdauer fiel immer am Ende der Saison positiv auf. So gewannen wir von 1971 bis 1974 die Cutting-Meisterschaften für Mädchen der kanadischen Rodeo-Gesellschaft. Bald lernte ich den Wert Sassies ehrlicher Bemühungen und Leistungen zu respektieren. Zu dieser Zeit kaufte sich mein Vater endlich ein eigenes Cutting-Pferd. Bald darauf baute er eine Scheune und eine geschlossene Arena, damit wir das ganze Jahr über mit unseren Pferden am Rinder-Cutting arbeiten konnten. 1974 begannen Sassies Beine leider nach dem Cutting steif zu werden, und obgleich das beim Cutting selbst wirklich nicht sichtbar war, fand ich es nicht fair, ihr noch mehr abzuverlangen. Obwohl mein Vater niemals auch nur ein Wörtchen über die Anschaffung eines neuen Pferdes für mich verlor, bemerkte ich, daß er im geheimen Überlegungen anstellte, wenn wir gemeinsam zum Rinder-Cutting gingen.

Pferde haben charaktermäßig sehr viel mit den Menschen gemeinsam. So ist es auch nicht verwunderlich, daß uns die einzelnen Tiere ganz unterschiedlich berühren. So wie es unter Menschen häufig vorkommt, mit manchen Personen in täglichem Kontakt zu stehen, ohne eine wirkliche innere Beziehung zu finden, berühren uns andere viel tiefer und wir öffnen einander freiwillig, teilen gegenwärtige gemeinsame Probleme und Interessen – und wir lernen uns selbst durch die Erfahrung anderer besser kennen und wachsen daran. Und so kann es vorkommen, daß irgendetwas oder irgendwer auf einmal in dein Leben tritt, und dich so bildhaft erleben läßt,

9

lebendig zu sein und voll von Leben – oder voll von dem, was du für Leben hältst. Das ist eine Erfahrung, die einen von allen und aus allem emporhebt und einem gleichzeitig das Gefühl gibt, so innig wie nichts sonst mit der Welt und mit dem Leben verbunden zu sein.

Bei meiner ersten Begegnung mit der Stute Diane Kilebar konnte ich noch nicht ahnen, daß sie es sein würde, die mir einmal zu einer solchen Erfahrung verhelfen würde; daß sie mein Leben so grundlegend verändern sollte. Ich kann mich kaum an eine Zeit erinnern, daß ich Diane nicht geritten hätte oder mit ihr an Wettkämpfen teilgenommen hätte – sie ist für mich Gegenwart. Ich glaube, daß die Bedeutung, die wir in unsere Erfahrungen hineininterpretieren eng mit unserer persönlichen Lebensauffassung verbunden ist, wie wir den Situationen des täglichen Lebens gegenüberstehen. Von der ersten Begegnung mit Diane bis zum letzten Ausritt besuchte ich zuerst noch die Schule und dann die Universität. Mein Leben war in Konflikt zwischen einem ersehnten Verständnis meinerselbst und der Welt rund um mich und andererseits einem gesteigerten Bedürf-

(8) Strato Chief, der siebenjährige Sohn von Peppy San, wurde in Texas geboren und kam im Jahre 1977 nach Kanada. (9) Shannon mit den »Stalltieren« Max, einem Bernhardiner und Cat, einer Katze.

10

nis nach Unterhaltung. Auch bemühte ich mich, Diane zu verstehen; ich versuchte, ihre Gedanken zu lesen, ihre Bewegungen beim Reiten ins Gefühl zu bekommen – aber hauptsächlich war ich daran interessiert, mich mit ihr so viel als möglich zu unterhalten.

Meine frühesten Erinnerungen an Diane fallen beiläufig in die gleiche Kategorie wie John Wayne oder mein Großvater Nett. Sie zählen zu jener Art Erinnerungen, die einem einen ganzen Strom von längst verblichenen Eindrücken wieder ins Gedächtnis rufen, sobald man daran rührt. Ich war ungefähr fünfzehn und betrieb ungefähr seit zwei Jahren das Cutting. Dad hatte uns zum Open Cutting in das Stadion von Calgary mitgenommen und ich fühlte mich ähnlich elend wie beim Ansehen eines Volleyballspiels unseres Mittelschulverbandes gegen einen Universitätsverein. Meine Blicke rasten kreuz und quer durch die Arena, streiften allerorts die edelsten Pferde – bis ich endlich Diane erblickte. Sie hatte ein dunkelgoldenes Fell, eine silbergraue Mähne und einen silbergrauen Schweif. Ihre riesigen, braunen Augen blickten so in die Ferne, als ob es dort irgend etwas ungemein Wichtiges zu sehen gäbe. Sehr groß war sie nicht, aber als sich alle Pferde in der Mitte aufstellten, sah ich, daß sie den breitesten Brustkorb und den längsten Rumpf von allen in der Arena anwesenden Pferden hatte. Trotzdem sah sie nicht gestaucht aus; ihr Hals war lang und schlank und sie sah rundum fein aus – vielleicht könnte man ihr Aussehen als eine mächtige Anmut bezeichnen. Der einzige Grund, warum ich an diesem Tag überhaupt noch andere Pferde in der Arena eines Blickes würdigte, war der, daß ich sie mit Diane zu vergleichen suchte. Aber diesem Vergleich hielt keines stand. Tatsächlich schien es, daß in diesem Moment auf der ganzen Welt nichts nur annähernd Diane glich.

Diane war jünger als die meisten anderen in der Arena anwesenden Pferde; aber trotzdem kam kein einziges auch nur annähernd an ihren Stil heran, den sie bereits entwickelt hatte. Sie schien durch die Arena zu schweben, und immer, wenn ein Rind auszubrechen versuchte, stemmte sie sich mit den Hinterbeinen in den Boden, während ihr langer Hals und der restliche Körper in der Luft die Richtung wechselten. Ihre Vorderbeine bewegte sie in einem betont graziösen, weichen Gang, daß es manchmal den Anschein hatte, ihr ganzer Körper läge horizontal in der Luft. Ihre lange Mähne und der Schweif flatterten lebhaft im Winde ihrer eigenen Geschwindigkeit und ihr Gesichtsausdruck schien Intelligenz und Sensibilität auszustrahlen. Dianes Ohren bewegten sich mit einem Ausdruck von tie-

(10 und 11) Shannon verläßt den Stall, um sich nach den Rindern umzusehen. Heutzutage ist der Sport des Cuttings ein sorgfältig organisierter und höchst spezialisierter Sport, der strengen Gesetzen hinsichtlich jedes Aspektes für Showregeln und Wertrichten des Cutting-Horses unterliegt.

11

fer Konzentration ständig vor und zurück, sobald sie jede mögliche neue Aktion des Rindes im Voraus bedachte. Als das Schlußsignal ertönte, brach sie ruckartig ab und ging ganz ruhig zur Aufstellungslinie zurück, wo sie ihren alten Platz unter den anderen wartenden Pferden einnahm. Auch ich schaute nun in die Richtung, um herauszufinden, was sie die ganze Zeit anstarrte, konnte aber nichts als den blauen Himmel und die Sonne entdecken. Ich fragte mich, was sie wohl dort draußen sehen könnte.

Danach sah ich Diane an keinem der Cutting-Bewerbe mehr, und mein Vater meinte, daß irgendwer sie gekauft haben müsse, sie aber nicht zu den Shows bringen wollte. Zwei Jahre waren vergangen und ich hatte Sassy in einige der öffentlichen Cutting-Bewerbe eingeführt. Hier und da erzielten wir auch gute Plazierungen, aber die Wettbewerbe im Freien waren für Sassy wirklich hart, und ich hatte das Gefühl, daß man ihr von Mal zu Mal die steifen Beine mehr ansah, nachdem sie mit Rindern gearbeitet hatte. Eines Morgens riefen mich meine Eltern hinunter zum Frühstückstisch und dabei zwinkerten sie so verschmitzt mit den Augen, daß ich fast dachte, ich hätte meinen eigenen Geburtstag vergessen. Dad erklärte, er hätte für sich selbst ein neues Pferd erworben, aber eigentlich zu wenig Zeit, es regelmäßig zu reiten. Somit erlaubte er mir, dieses neue Pferd ein Jahr lang reiten und auf Shows vorführen zu dürfen – sein Name wäre im übrigen Diane Kilebar.

Als dann Diane in unserer Ranch aus dem Trailer ausgeladen wurde, erschien sie mir im ersten Moment längst nicht so umwerfend, wie ich sie in Erinnerung hatte. Ihr Fell war nicht annähernd so glänzend wie damals im Stadion, ihre Mähne und ihr Schweif waren schütter und fransig und ihre einstigen festen, starken Muskel waren nun schlaff und weich. Ihre großen, braunen Augen schienen darüber wissentlich zu schweigen und ich erkannte wieder ihren konzentrierten, klugen Blick, als sie unter Schnauben und nervösem Ohrenwackeln um sich blickte, als suchte sie ihre neue Umgebung zu verstehen. Zuerst führten wir sie nur an der Longe um die Arena, dann trabten wir mit ihr draußen im Schnee, um uns aneinander zu gewöhnen. Nach einigen Wochen begannen sich Dianes Muskeln wieder zu festigen, ihr Geschnaube ließ nach, bis ihr Atem ruhig und regelmäßig war; nach und nach wurde auch ihr Fell wieder so schön und glänzend wie einst.

Dianes angenehmes Wesen wurde mir von Tag zu Tag liebenswerter; niemals war sie nervös oder aufgeregt, obwohl sie flink und scharf sein konnte. Sobald wir draußen im Schnee waren, blähte Diane ihre Nüstern, streckte ihren Hals weit nach vorne, blickte ständig in alle Richtungen und hatte dabei einen konzentrierten Gesichtsausdruck. Die Art und Weise, wie sie scheinbar abwesend stets um sich blickte, erweckte meine Neugier, was in ihr wohl vorginge. Während sich andere Pferde offensichtlich mit Fressen, Spielen und Gerittenwerden begnügten, benahm sich Diane so, als wüßte sie, daß ihr das Leben mehr zugedacht hätte.

Das erste Mal, daß ich mich erinnern kann, Dianes Gedanken mit Sicherheit gefühlt und erraten zu haben, war damals, als ich mit ihr zum ersten Mal das Rinder-Cutting ausprobierte. Ich verstand eindeutig, worauf sie sich gerade konzentrierte. Als sich das Rind in die Arena bewegte, fühlte ich, daß Diane ein wenig zitterte. Dann legte sie ihre Ohren flach nach vorne an, wackelte mit ihnen hin und her, schnaubte durch die Nüstern und ihr Atem wurde immer regelmäßiger. Als wir unter die Rinderherde kamen, die sich mittlerweile am anderen Ende der Abgrenzung befand, senkte sie ihren schlanken

12

(12) Obwohl sich das Cutting zu einem Sport entwickelt hat, sind eigens dafür abgerichtete Cutting-Horses unbedingt erforderlich, denn sie sind darauf trainiert, das Rind aus der Herde herauszulösen und seine Bewegung und Fluchtversuche unter Kontrolle zu halten.

13

14

Hals und verlangsamte dabei immer bedächtiger ihren Gang. Ich gab Diane ein Zeichen, auf welches Tier ich es abgesehen hatte; daraufhin blähte sie ihre Nüstern auf, als wolle sie dem Rind, das Anstalten machte, von der Herde davonzulaufen, Angst machen. Sobald sich das Tier eindeutig aus der Herde gelöst hatte, spürte es mit einem Mal, deren Sicherheit verloren zu haben. Daraufhin stemmte Diane ihre Hinterbeine blitzartig in den Boden und fiel als Ganzes ein wenig in sich selbst zusammen. Wir hatten das Gefühl, der Arenaboden hätte sich genau vor uns gesenkt, denn Dianes Schultern und Hals befanden sich nunmehr in gleicher Höhe mit dem Rind. Diane war imstande aus vollem Galopp mit ihren Hinterbeinen in den Boden zu gleiten, während sie mit dem Kopf um sich schnappte. Sie sah aus, als bestünde sie aus zwei komplett verschiedenen Teilen, die miteinander nichts zu tun hätten. Manchmal reagierte sie so blitzartig, daß ich oft selbst nicht wußte, in welche Richtung ich zuerst schauen sollte. Trotz allem waren ihre Bewegungen weich und gelenkig und sie wirkte flexibel und leichtfüßig. Sobald ein Tier ansetzte, um vor uns im Kreis herumzulaufen, vergrub sie geradezu ihr Hinterteil und streckte ihren Hals und die Vorderbeine nach vorne aus, so daß man dachte, sie wäre so lang wie die halbe Arena. Damals regneten auf mich mir bislang unbekannte Gefühle und Erfahrungen herab, die mich oftmals so sehr aus der Wirklichkeit heraushoben, daß ich gelegentlich zu atmen vergaß.

Ich ritt Diane und betrieb mit ihr noch den ganzen restlichen Winter Cutting. Obwohl mir manchmal, wenn wir mit den Rindern arbeiteten, so war, als ließe Diange gelegentlich nach, dachte ich noch an nichts Besorgniserregendes. Die Tatsache, hie und da auch ein Rind zu verfehlen, schrieb ich dem Umstand zu, daß wir einfach mehr Zeit benötigten, um uns besser aneinander gewöhnen zu können. Als der Winter vorbei war und die Show-Saison immer näher rückte, unterzog ich Diane und mich immer strengerer Kritik und wir ließen kein Cutting ausfallen. Wie nützlich diese Selbstkritik letzten Endes war, kann ich nur schwer abschätzen; aber ich wußte nur allzugut Bescheid, was mit den zu erwartenden Summen aus den Eintrittsgeldern zu geschehen hatte – und nach dem damaligen Stand der Dinge reichte unsere Leistung gerade zum Verlieren aus. Ich konnte nicht herausfinden, woran es lag, daß wir immer hinter unserer Herde nachritten, obwohl Diane ihr Letztes zu geben schien. Meine erste Reaktion war, sie noch mehr anzutreiben. Das half natürlich nichts, aber da mir im Moment keine andere Lösung

Shannon verfolgt ein verirrtes Rind (13) und treibt es zu der Herde zurück (14). In einem Cutting-Bewerb hat jeder Reiter genau zweieinhalb Minuten Zeit, um sein Pferd vorzuführen. Nach der Vorführung wird das Pferd für sein Reaktionsvermögen, (seinen »Rindersinn«) und seine Fähigkeit, das Rind aus der Herde zu trennen, beurteilt.

15

einfiel, blieb ich weiterhin am Treiben. Als Diane keinen Hehl mehr daraus machte, nicht mehr gerne in der Herde zu sein und stattdessen zur Demonstration anfing, mit dem Schweif um sich zu schlagen und nervös mit den Ohren zu zucken, wußte ich, daß die Angelegenheit ernst geworden war. Es mag absurd klingen, aber je schneller wir einem Rind nachritten, desto unmöglicher wurde es, es zu fangen.

Nach anfänglicher Enttäuschung und Unsicherheit verfiel ich letzten Endes in Depressionen. Dann begriff ich, daß ich mich um jemanden umsehen mußte, der mir bei meiner weiteren Arbeit behilflich sein könnte. Ich erinnerte mich an Fred Duke, der Diane seinerzeit im Stadion von Calgary geritten hatte, und ich rief ihn an. Fred glaubte Rat zu wissen und bot mir seine Hilfe an. So lud ich Diane in den Anhänger und brauste drei Stunden lang über die Autobahn. Während der Fahrt kamen mir erneut Schreckensvisionen, die ich leider seit jeher als schlechte Vorzeichen deutete.

Gott sei Dank stellte sich das Gegenteil heraus: schlecht war einzig und allein mein Reitstil gewesen. Ich wunderte mich anfangs über Freds Feststellung, daß ich Diane viel zu stark trieb, denn wir waren bisher trotz allen Antreibens immer hinter dem Rind zurückgeblieben. Es dauerte eine ganze Weile, bis ich das verstanden hatte, aber letzten Endes erkannte ich, daß Fred recht hatte. Ich trieb tatsächlich zu viel. Ich kannte meinen Stil, Diane bis zwanzig Fuß hinter das Rind zu treiben, um dann genau zwanzig Fuß hinten nach zu sein, wenn es die Richtung wechselte. Sobald ich dann meine ungünstige Position erkannt hatte, begann ich in Panik nur noch stärker zu treiben, was zur Folge hatte, daß Diane nur noch mehr zu-

In einem Wettbewerb bekommt ein Pferd Punkte, wenn es beweist, vollkommen ruhig in die Rinderherde einzudringen und ohne größere Verwirrung ein Tier herauszulösen. (15 und 16). Shannon und Strato behindern ein Rind in freier Wildbahn wieder zur Herde zurückzukehren.

16

17

18

21

22

rückblieb – und so ergab sich ein wahrer Hexenkreis aus Treiben und Zügeln. Ich muß irgendwanneinmal vergessen haben, daß auch Pferd und Reiter verschnaufen dürfen, sobald das Rind stehen bleibt.

Fred lehrte mich auch, die Kopfbewegungen des Rindes besser zu beobachten und seine Geschwindigkeit und Laufrichtung vorzuprogrammieren. Das hatte den Effekt, daß ich nicht unnütz antreiben mußte, wenn es mit gemütlichem Aussitzen auch getan war. Noch viel wichtiger als das, war, daß er mich lehrte, Dianes Fähigkeiten und Sensibilität zu respektieren und ihnen voll zu vertrauen. Mein ständiges Dazwischenfunken und mein Wunsch, Dianes Bewegungen unter Kontrolle zu halten, hatten uns letzten Endes beide verwirrt; Fred hingegen brachte mir bei, wann Diane nur eine sanfte Führung notwendig hatte. Nach seiner Meinung spürte Diane genau in Schwierigkeiten zu geraten, wenn sie so weit hinter dem Rind zurückblieb, aber ihre strenge Disziplin, mein ständiges Antreiben zu befolgen, veranlaßte sie, gegen ihren Instinkt zu handeln. Ihr Oh-

(17) Das Rind blickt nach rechts und wartet auf einen geeigneten Augenblick, in die Richtung zu entfliehen, wo sich die Herde befindet. (18). Es setzt zur Flucht an, aber Strato (19) kommt ihm zuvor und zwingt es einzuhalten. Bevor das Tier noch Gelegenheit hat, nach links zurück zur Herde zu entfliehen (20), nimmt Strato schon diesen neuerlichen Fluchtversuch wahr (21 und 22).

19

20

renzucken und das Umherschlagen mit dem Schweif waren Zeichen berechtigter Frustration, zu etwas aufgefordert zu sein, von dessen Unrichtigkeit sie überzeugt war. Diane war imstande, die Herdentiere wesentlich besser einzuschätzen, als ich mir je erträumen konnte, und mir wurde sehr schnell klar, daß ich ihr einen Großteil der Führungsposition einräumen mußte, falls wir bei den nächsten Shows gewinnen wollten.

Die Ergebnisse von Freds Unterweisungen waren sofort spürbar. Nachdem wir wieder zurückgekehrt waren, erübrigten sich mehr und mehr meine seinerzeitigen Luftschlösser. Warum von etwas träumen, das man auch erleben kann? Wir plazierten oft und die Siege blieben nicht aus. Es begann so etwas wie ein wertvolles und notwendiges Vertrauen in Diane zu entstehen. Je besser ich lernte, nicht mehr in ihre instinktive Arbeitsweise dazwischenzufunken, desto besser waren unsere Ergebnisse. Zwar war ich nie gänzlich von meinem Zwang frei, den gesamten Vorgang unter eigener Kontrolle zu halten; doch waren in den folgenden Jahren unsere Besuche bei Fred relativ selten.

Es hatte den Anschein, daß die rationalen Ursachen unserer Cutting-Strategie auf unser persönliches Verhältnis zueinander abfärbten. Bevor ich Diane besaß, war ich immer der Überzeugung gewesen, selbst mehr als das Pferd zu wissen; deshalb war es meine Aufgabe, es zu umsorgen und zu belehren – an seiner Statt zu denken. Diane war da ganz anders. Zwischen uns spürte ich eine Art Ebenbürtigkeit und manchmal hatte ich gar den Eindruck, sie könnte manche Dinge wahrnehmen und verstehen, die weit jenseits meines Fassungsvermögens lagen. Meine Bemühungen, ihre spontane Handlungsweise zu kontrollieren, blieben ebenso fruchtlos wie meine versuchte Kontrolle ihres Cutting-Stiles. Gelegentlich kam sie auch zu mir und näselte um Aufmerksamkeit oder erwiderte meine Zärtlichkeiten, wenn ich sie streichelte oder kraulte. In jedem Fall aber bemerkte ich, daß, wann immer ich ihre Aufmerksamkeit auf mich lenkte, um mir selbst zu versichern, wie sehr sie mich brauchte, oder wenn ich Freunden unser gutes Verhältnis demonstrieren wollte, Diane höchst desinteressiert wurde.

Während dieses Jahres bekam das gemeinsame Cutting für mich eine völlig neue Dimension; es war, als hätte mein verbessertes Verständnis für Diane irgendwie auch zum Gelingen unserer gemeinsamen Arbeit beigetragen. Die Art und Weise, wie sie fühlte, ihre weichen Bewegungen und ihre gleichzeitige, unnachgiebige Härte, die mir immer das Gefühl gaben, auf einer hurtig dahinziehenden Wolke zu reiten, hatte ich immer schon geliebt. Mit der Zeit bemerkte ich, daß ich mich immer mehr auf ihre Gedanken als auf ihre Bewegungen zu konzentrieren lernte. So verbesserte sich auch meine Fähigkeit ihre Signale wahrzunehmen, und ich lernte zu fühlen, wenn ich Diane zu fest trieb oder hetzte. Je mehr ich ihren natürlichen Stil gewähren ließ, desto besser schienen wir unsere Aufgabe zu meistern. Diane und ich gewannen in diesem Jahr die kanadischen Meisterschaften im Cutting im Freien, aber die Freude und Aufregung über das Wahrwerden meiner kühnsten Träume wurde ziemlich von der Tatsache getrübt, daß mein Jahr mit Diane bald vorbei sein sollte. Während des Festessens nach der Preisverteilung überreichten mir meine Eltern ein Geschenk, das noch viel schöner als alle Preise der Welt war. Sie schenkten mir definitiv jenes Pferd, das ich zu lieben und zu respektieren gelernt hatte, und sie versicherten mir, daß Diane von nun an für immer mein sei.

Ich bin wirklich der Überzeugung, daß Diane und ich in den folgenden Jahren immermehr aufeinander eingespielt wurden. Ich

23

(23) Strato blockiert dem Rind den Weg; seine losen Zügel beweisen, wie sehr das Pferd vom Reiter unabhängig ist. In diesem Moment erkennt man die Intelligenz und die Geschwindigkeit des Pferdes am besten.

24

25

lernte Diane soviel als möglich nach eigenem Ermessen handeln zu lassen; und Diane lernte, immer, wenn ich mich zu einem Dazwischenfunken meinerseits hinreißen ließ, mich soviel als möglich zu ignorieren. Es war, als könnte sie ihren Charakter spalten: wenn sie mit einer Hälfte beschlossen hatte, welche meiner Kommandos sie ignorieren würde, konzentrierte sie sich mit der anderen auf das Rind. Ich glaube für sie manchmal eine fürchterliche Herausforderung gewesen zu sein und ich bin sicher, daß wir oft auch trotz meiner Anstrengungen gewannen. Aber darum kümmerte ich mich relativ wenig, denn das bloße Vergnügen, sie reiten zu dürfen, lohnte tausendfach den Stolz, den ich begraben mußte, um Diane die nötige Stütze zum Sieg zu geben. Und hin und wieder spürte ich eine Art

Shannon posiert mit einem Portrait von Diane (24 und 26). Einige der Trophäen, die sie in den Cutting-Horse-Wettbewerben errungen hat. (25 und 26). Ein Silberpokal wird der kanadischen Weltmeisterin im Cutting überreicht.

26

Klicken zwischen uns und da wußte ich, daß ich sie nicht mehr treiben oder führen durfte. Auf diese Art und Weise schienen sich alle Probleme wie von selbst zu lösen und es ging auch tatsächlich gut: in dieser Zeit erzielten wir unsere besten Werte. Ich konzentrierte mich weder auf die Rinder, noch auf das Weisungspersonal, die Zeit oder sonst etwas; ich wurde einzig und allein Teil Dianes geplanter Aktionen. Obwohl diese Ereignisse eher selten und unregelmäßig stattfanden, fühlte ich mich jedesmal elend. Sobald sie vorüber waren, empfand ich zu Diane eine tiefe, innige Verbindung.

Dianes Höchstleistungen brachten uns in den Jahren 1975 und 1976 zweimal den Weltmeistertitel der Canadischen Meisterschaften im Cutting im Freien und 1978 den Titel des kanadischen High Point. Nach diesen Siegen hätte ich Diane gerne 1978 aus den Meisterschaften gezogen, denn mir war bewußt, daß die Wahrscheinlichkeit, je wieder ein Pferd mit Dianes Eigenschaften und Fähigkeiten reiten zu können, sehr beschränkt war. Aber noch in diesem Jahr, unserem letzten beim Kamloop Rodeo, fühlte ich, daß sie eigentlich zur Mutterschaft reif sei. Als dann diese Entscheidung gefallen war, unterrichtete ich gerade an einer Schule. Als Diane ihr zweites Fohlen hatte, war ich bereits an die Universität zurückgekehrt, um meine Post-Graduate-Arbeit in Psychologie zu schreiben. Noch heute bin ich nicht restlos davon überzeugt, daß Diane damals mit diesem Schritt einverstanden war. Ich frage mich ernsthaft, ob meine damalige Entscheidung, sie abzuziehen, nicht mehr die Veränderungen in meinem eigenen Leben widerspiegelten, als eine Botschaft, die ich von Diane übermittelt bekam. Trotz allem bin ich sicher, daß die Art, wie sich meine Meinung über Diane in all den Jahren geändert hat, die neuen Richtlinien in meinem Leben widerspiegelt. So wie ein Teil meiner selbst nach der tieferen Bedeutung im menschlichen Verhalten sucht, findet der andere Teil eine neue Bedeutung für Diane.

Bei allen Pferden, die ich nach Diane ritt, hatte ich Gewöhnungsschwierigkeiten zu verzeichnen. Obwohl mein nächstes Pferd damals außergewöhnlich begabt war, spürte ich, daß etwas fehlte: beide hatten wir Schwierigkeiten einander voll zu vertrauen. So hat es den Anschein, daß nur Diane und ich zu einer bequemen Stufe von stillem Übereinkommen gelangt waren. Aber meine Haltung, an eine solche Aufgabe heranzugehen, hat sich geändert, weil ich Diane kenne.

27

KENDEL EDMUNDS USA

Als ich mich vor vielen Jahren mit der Verhaltensforschung der spanischen Kampfstiere auseinandersetzte, nahm ich mir oft Bücher in die Arena mit, um sie in den heißen andalusischen Mittagsstunden zu lesen. Die Temperaturen stiegen häufig bis auf 120°F, was die Stiere vollkommen müde und apathisch machte; für Photographien, wie ich sie geplant hatte, war mir das Licht zu grell. Eines der Bücher, an das ich mich am besten erinnern kann, war Mary Renaults Werk »Der König muß sterben«, das die Abenteuer von Theseus erzählte. Was mich daran am meisten interessierte waren die Beschreibungen von Stiertänzen und Stierspringen (Voltigieren auf dem Stierrücken). Sobald ich mich in einer Arena zusammen mit Stieren befand, spielte meine Vorstellungskraft mit solchen Bildern zusammenspielender Menschen und Tiere im antiken Kreta.

Später einmal sah in in Sevilla ein merkwürdig-komisches Stierkampf-Schauspiel, wobei einer der Akrobaten über einen jungen Stier flankierte oder im Scherensprung über ihn sprang. Obwohl es nur eine scherzhafte Inszenierung war, rutschte ich vor lauter Aufregung unruhig auf meiner Sitzkante hin und her. Auch danach, wann immer diese komische Akrobatengruppe in die Stadt kam, ging ich die Arena und ertrug die ganze Aufführung, nur um diese wenigen Sekunden genießen zu können, wenn über den Stier gesprungen wurde.

Als ich zum ersten Mal vom Voltigieren zu Pferd hörte, war ich ängstlich und neugierig zugleich, jemandem dabei zuzusehen – und auch in dieser Form erschien mir dieses Schauspiel wie eine Reminiszenz aus dem antiken Kreta, das in mehr oder weniger deutlich erkennbarer Form bis in die heutige Zeit überlebt hatte.

Elizabeth Searle, die Präsidentin der Amerikanischen Voltigiergesellschaft, lud mich einmal ein, ihre Dressurschule in San Juan Battista in Kalifornien zu besuchen, wo sie und ihr Partner Jeffry Moore großzügigerweise ihr Haus, ihre Zeit und persönliche Unterstützung zur Ermöglichung der hier abgebildeten Photographien zur Verfügung stellten.

So konnte ich sowohl Kendel Edmunds, den Internationalen Weltmeister im Voltigieren, wie Sidney Strang, die Nationalmeisterin, den Internationalen Meister der Herren Brian Post, den Nationalmeister Kim Gustaverson und Danny Baker photographieren. Während ich diesen jungen Leuten bei der Arbeit zusah, wurde mir bewußt, daß das Voltigieren bis vor ein paar Jahren in Amerika praktisch unbekannt war, obwohl es in Deutschland lange Zeit Volkssport war. Fast noch beeindruckender ist jedoch die Tatsache, daß anläßlich des Ersten Internationalen Voltigierwettbewerbs vor einigen Jahren in Deutschland das amerikanische Team zu höchsten Ehren kam, obwohl es mit ihnen unbekannten Pferden antrat.

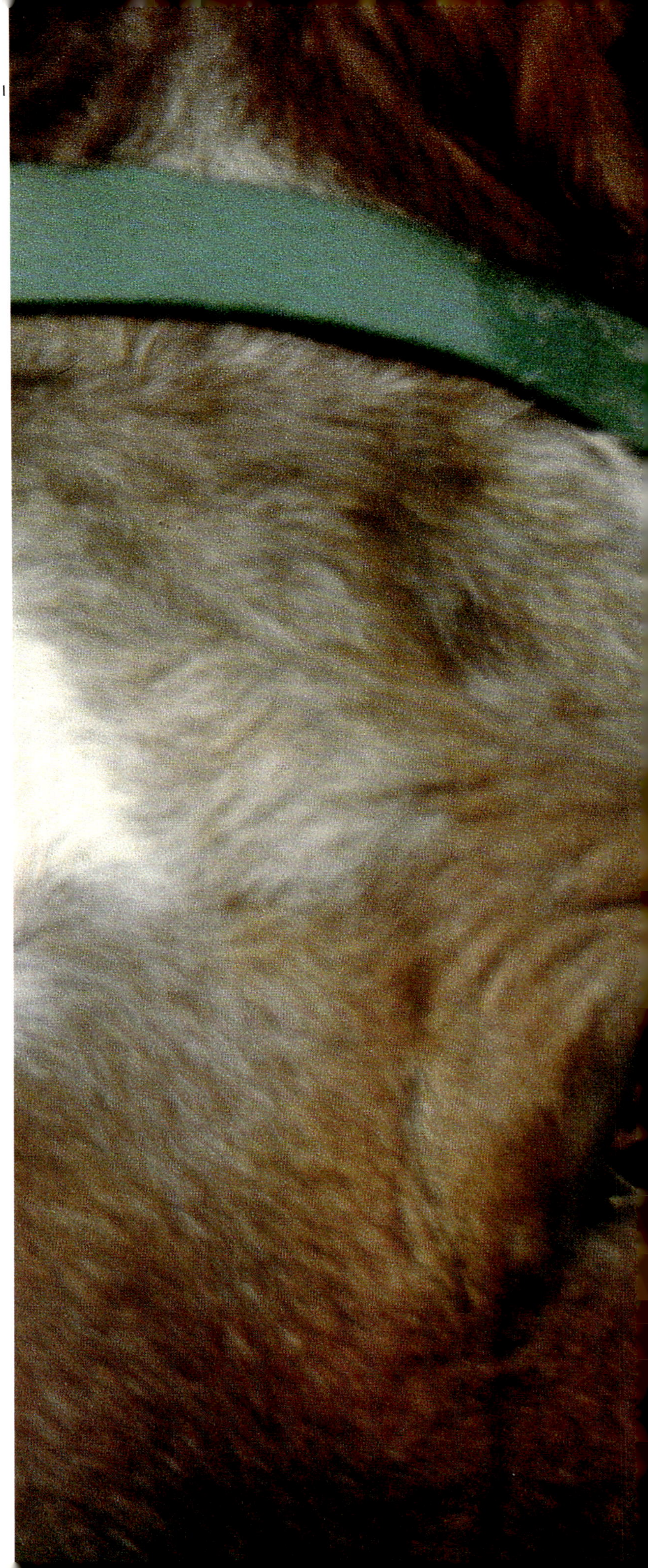

Pferde, Pferde und wieder Pferde – das ist eigentlich alles was mich seit meiner frühesten Kindheit beschäftigt hat. Als ich zum erstenmal den Wunsch nach einem eigenen Pferd äußerte, lebten wir in einem kleinen Ort, wo die Haltung von Pferden nicht gestattet war – ich war in der Bucht von San Francisco geboren und erzogen worden! Gott sei Dank übersiedelten wir aber bald danach nach Walnut Creek, wo alle unsere Nachbarn Pferde besaßen. Meine Mutter ließ mir von einem Freund der Familie Reitstunden geben, damit ich bereits reiten konnte, wenn ich mein erstes eigenes Pferd bekommen würde.

Meine erste Bekanntschaft mit dem Voltigieren war nicht gerade die angenehmste. Ich befand mich im Reitstall, wo gerade eine Voltigierstunde abgehalten wurde. Zwar hatte ich nicht die blasseste Ahnung, was Voltigieren eigentlich sei, aber ich meldete mich auf alle Fälle dazu an. Gleich am ersten Kurstag kam ich zu spät. Als ich endlich erkunden konnte, wo denn die Lektion stattfinden würde, und ich die Reitlehrerin Inez Fort traf, fragte sie mich ganz erstaunt, wer ich denn eigentlich sei. Ich sagte es ihr. Daraufhin beschuldigte sie mich, damals bei der Anmeldung nicht aufgezeigt zu haben. Ich beteuerte, daß dies nicht der Wahrheit entspräche, aber sie glaubte mir nicht. Ich fürchte, mein erster Eindruck auf Mrs. Fort ist nicht der beste gewesen.

(1) Der internationale Meister im Voltigieren Kendel Edmunds (17 Jahre) mit Pink Champagne.

2

Mrs. Fort erzählte uns, daß Deutschland das Ursprungsland des Voltigierens sei und den Kavalleriesoldaten helfen sollte, sich besser auf ein Pferd einstellen zu lernen. Die anderen Länder haben dann das Voltigieren im gleichen Sinn übernommen, bis es endlich zum Sport wurde. Heute werden sogar von der Deutschen Bundesregierung Voltigierkurse für Jugendliche unter sechzehn Jahren gefördert. Danach können sie nicht mehr umsonst voltigieren. Bei uns in den Vereinigten Staaten gibt es diese Altersgrenze nicht – theoretisch könnte ein jeder voltigieren. Aber zweifellos handelt es sich um einen Sport, der hauptsächlich für junge Leute geeignet ist; es ist körperlich sehr anstrengend, und, um ein wirklich guter Voltigeur zu sein, muß man über eine vorbildliche Kondition verfügen.

Ich selbst würde es jedermann empfehlen, der aktiven Sport mag. Man muß dazu nicht unbedingt reiten können oder anderwertige Gymnastik betreiben, aber es erweist sich als hilfreich. Das einzige, was man wirklich beim Voltigieren lernen muß, ist ein synchrones Ausführen der Bewegungen mit dem Pferd, denn Rhythmus ist hierbei das Allerwichtigste. Die größte Anfangsschwierigkeit aller ist wahrscheinlich am laufenden Pferd aufzustehen und oben zu bleiben. Wie auch jeder andere Sport verlangt das Voltigieren viel Übung, aber sobald man einmal die wichtigsten Kniffe heraus hat, macht es ungeheuer viel Spaß.

Am ersten Tag versuchten wir die Pflichtübungen auf dem Faß. Beim Voltigieren gibt es sechs Grundübungen: Reiten oder Grundsitz, Fahne, Mühle, Flanke, Aufstehen und Scheren. Anfänger üben auf einem Faß, um das Pferd nicht unnötig zu strapazieren. Es ist ganz gut, sich diese ungewohnten Bewegungsabläufe ohne Pferd angewöhnen zu können. Nachdem wir diese Grundübungen auf dem Faß ganz passabel beherrschten, gingen wir auf das Pferd über. Unerwarteterweise fiel mir alles erstaunlich leicht, und ich fand alle Übungen bis auf das Aufstehen wirklich einfach.

Ich setzte das Voltigieren noch die ganze Zeit, die wir in dem Camp lebten, fort. Nach Kursende dachte ich eigentlich kaum noch daranf, weiterhin besonders oft zu voltigieren, bis ich mich eines Tages entschied, das Ganze wieder mehr zu intensivieren. Ich bat meine Mutter herauszufinden, wann die nächste Voltigierstunde unter Mrs. Fort stattfinden sollte. Sobald ich wieder dabei war, begannen meine Voltigierkenntnisse erheblich besser zu werden.

Beim wettkampfmäßig betriebenen Voltigieren gibt es drei anerkannte Disziplinen: Reguläre Mannschaftswettbewerbe, Drei-Phasenwettbewerbe und den Internationalen Individuellen Wettbewerb. Im regulären Mannschaftswettbewerb (eine Mannschaft besteht aus acht Personen) werden von jedem Voltigeur sämtliche sechs Grundübungen verlangt. Alle acht Voltigeure beginnen mit dem Grundsitz, hocken auf und führen so alle Übungen bis zur letzten aus. Danach folgt eine Kür oder eine Freistildarbietung, die normalerweise von einer Person allein, oder auch zu zweit oder zu dritt ausgeführt wird. Jeder Voltigeur muß zumindest in einer Kür und bei der Vorführung der Grundübungen teilnehmen.

Der Drei-Phasenwettbewerb besteht aus einer Pflicht am Boden, einer am Faß und den Grundübungen zu Pferd. Die Bodenpflicht ist eine dreiminütige Freistilvorführung nach Musik. Auch die Übungen am Faß werden fünf Minuten lang nach Musik ausgeführt. Die Grundübungen zu Pferd folgen denselben Richtlinien wie beim regulären Wettbewerb, nur müssen entweder die erste, die letzten drei oder alle sechs Übungen nach rechts ausgeführt werden. Es hängt davon ab, für welches Niveau einer sich bewirbt.

Die Internationale Klasse wird in drei Disziplinen unterteilt. Die erste besteht aus den Pflichtübungen, die ohne Absteigen zwischendurch ausgeführt werden müssen. Die zweite besteht aus einer ersten Kür: darin müssen ganz bestimmte Bewegungsabläufe enthalten sein; alles dauert aber nicht länger als eine Minute. Die dritte besteht aus einem zweiten Kürdurchgang, der dem Voltigeur eine völlig freie Programmgestaltung erlaubt. Es gibt keinerlei Einschränkungen, außer der, daß es nicht länger als eine Minute dauern darf.

3

Die Bewertungen im Voltigieren folgen einem Zehn-Punkte-System. Zehn ist ausgezeichnet, neun sehr gut, acht gut, sieben ziemlich gut, sechs befriedigend, fünf genügend, vier ungenügend, drei ziemlich schlecht, zwei schlecht, eins sehr schlecht und Null wird bei Nichtantreten oder Auslassen einer Übung vergeben. Für eine Reihe von »Verbrechen« kann es Punktverluste geben: wenn man beispielsweise eine Übung nicht lange genug aushält oder sich bei der Mühle verzählt. Im Freistildurchgang gibt es Punkte für die Darbietung, den Schwierigkeitsgrad und den Gesamteindruck, das heißt, wie sich der Sportler selbst zur Geltung bringt. Bei der Bewertung einer Mannschaft werden zuerst Einzelbewertungen vergeben, die danach für die Endbewertung zu einem Mittelwert zusammengerechnet werden.

Mein erstes Voltigierfest, der größte Wettbewerb des Jahres, erlebte ich als Aktive im Jahr 1976 mit. Ich war sowohl in der Mannschaft der Fort Flyers als auch in einer Einzelklasse. Der Mannschaftswettbewerb ging ohne Schwierigkeiten glatt vorbei. Wir bewarben uns für die C-Klasse (Pflichtübungen und Kür) und auch für das Drei-Phasenteam und erzielten in beiden gute Wertungen. Vor meiner Solodarbietung war ich so nervös, daß ich kaum vernünftig denken konnte. Als es zum Aufsitzen kam, war ich so aufgeregt, daß mir nichts Originelleres als der Grundsprung gelang. Während des gesamten Durchgangs dachte ich an nichts anderes als »gerade Beine, Zehen strecken . . .« Das Programm war fast unverschämt einfach gewählt, und mich traf fast der Schlag, als ich von meinem Sieg in dieser Klasse und einer hohen Punktzahl für meine Mannschaft erfuhr. Wenn ich heute an diese Kür zurückdenke, kann ich nur glauben, daß früher die Wertungsrichter mehr auf den Stil als auf den Schwierigkeitsgrad geachtet haben müssen; denn heute ist das Niveau im Voltigieren gewaltig gestiegen. Wer heute in einer solchen Klasse gewinnen will, muß ein viel schwierigeres Programm wählen und in der Darstellung zumindest ebenso glaubhaft sein.

(2) Kendel und Pink Champagne auf ihrem Weg zum Arbeitsviereck. (3) Die Trainerin Joyce Post (links) und Inez Fort mit Kendel und Inez Tochter Ariana überprüfen ein Voltigier

4

bewerben – und erzielen auch dann zumeist nur sehr bescheidene Werte. Außerdem hatte ich zu dieser Zeit das Voltigieren nicht sehr ernsthaft betrieben. Für die Arbeit zu Pferd war ich zu wenig gut trainiert; außerdem war ich alles in allem erst seit acht Monaten beim Voltigieren dabei.

Dann kam der Tag, an dem die Auslese stattfinden sollte. Ich war nervös und aufgeregt. An diesem Tag mußten wir einige der Grundübungen – hauptsächlich aber das Stehen – ausführen und zwei Kürdurchgänge vorzeigen. Ich machte alles richtig, aber es hätte schöner ausfallen können. Ich fiel fast jedes Mal herunter. Ich schaffte jeweils nur ungefähr die Hälfte meiner beiden Durchgänge. Wir verwendeten verschiedene Pferde, und ich hatte Umstellungsschwierigkeiten. Nach den ersten Antritten wurden manche zurückgerufen und ich befand mich unter diesen fünfundzwanzig. Die Preisrichter sagten, daß ich zwar bei den ersten Versuchen nicht besonders geglänzt hätte, aber sie hätten das Gefühl, daß ich Talent besäße. Beim zweiten Versuch ließ Jeff immer zwei beliebige Personen zusammen die Doppelübungen am Faß und zu Pferd durchführen. Außerdem mußten wir noch weitere Grundübungen vorzeigen. Über die Ergebnisse dieser zweiten Auslese erfuhren wir über einen Monat lang nichts. Endlich erhielt Inez einen Brief mit der Nachricht, daß ich für das Europateam ausgewählt worden wäre. Als ich diese sensationelle Neuigkeit erfuhr, wurde ich so aufgeregt, daß ich mich noch heute an diesen besonderen Tag erinnern kann.

Im Sommer vor unserer Europatournee verbrachten wir einen Monat in einem Trainingscamp, wo wir in allen Disziplinen arbeiteten. Die Grundübungen wiederholten wir ständig und wechselten dabei oft die Pferde – Gott sei Dank gab es etliche nette Mannschaften, die uns zeitweise ihre Pferde überließen. Wir hatten natürlich keine Ahnung, welche Art Pferde man uns in Europa geben würde. Auch an unserem Kürprogramm feilten wir. Ein jeder von uns mußte auch das Programm aller anderen wie sein eigenes beherrschen, falls einer plötzlich im letzten Moment ausfallen sollte.

Anfang August flogen wir dann nach Deutschland. Einmal dort angekommen voltigierten wir zweimal pro Tag; morgens und abends zwei bis drei Stunden lang. Man hatte uns ein C-Team-Pferd gegeben, mit dem noch nie Dreiermannschaften trainiert hatten – und genau daraus bestand hauptsächlich unsere Kür. Selbst Jeff übte oft stundenlang mit diesem Pferd. Nach einer gewissen Zeit war es soweit uns zu dritt auf seinem Rücken arbeiten zu lassen, aber es schien darüber nicht sehr glücklich zu sein. Unser Mannschaftskürprogramm mußte bestimmt mindestens einmal pro Tag abgeändert werden. Es hatte sich herausgestellt, daß unser ursprüngliches Kürprogramm ungerecht war, denn es bot immer denselben Personen

Sechs Monate nach diesem Fest verkündete die Amerikanische Voltigiergesellschaft im Sommer 1977 eine Mannschaft nach Europa schicken zu wollen. Die Bedingung für diese Auslese war der Besitz der Silbermedaille. Aus unserer Mannschaft hatte noch kein einziger je an einem Medaillenwettbewerb teilgenommen. So beschlossen wir, zu den entsprechenden Prüfungen anzutreten. Alle bis auf mich kamen dabei durch. Da Inez bestrebt war, mich an der Auslese für die Europatournee teilnehmen zu lassen, gab mir Jeff Moor zwei Tage vor der eigentlichen Auslese einen neuerlichen Termin zu einem Medaillenwettbewerb. Und ich flog wieder durch. Inez war sehr beschämt, denn sie wußte, daß ich genug konnte, mir aber mit meinen ewigen Schlampereien alles verpatzte. Auch war ich nie ein besonders eifriger Voltigeur gewesen. Jeff wollte mir noch eine letzte Chance geben. Am Ende schaffte ich den Bewerb mit einer elenden Bewertung von 63 Prozent. Schuld an meinen Schwierigkeiten und Problemen war wahrscheinlich, daß ich eigentlich für so einen Bewerb gar nicht reif genug war. Die meisten Voltigeure erringen zuerst ihre Bronzemedaille, bevor sie sich für Silber

5

6

alle interessanten Sprünge, während die anderen im Nachteil waren. Wir überlegten hin und her, änderten mal da, mal dort und versuchten ein für alle gerechtes Kürprogramm zu erarbeiten. Eines Tages wurde Jeff dieses ewige Hin und Her zuviel: er schrieb selbst eine neue Kür und meinte, wenn uns etwas nicht paßte, könnten wir es ja stehen lassen.

Endlich kam der große Tag, auf den wir alle so eifrig hingearbeitet hatten. Außer uns bewarben sich noch sieben andere Mannschaften für die B-Klasse, eine aus Holland, eine aus der Schweiz und alle übrigen aus Deutschland. Alle waren ausgezeichnet. Als wir endlich in die Manege gerufen wurden, wirkte unsere gesamte Mannschaft ein wenig verstört. Wir betraten den Ring, verneigten uns vor den Wertungsrichtern und begannen mit unseren Pflichtübungen. Im Ring war es totenstill, denn jeder beobachtete die Amerikaner mit größtem Interesse. In Europa ist es üblich, die Pflichtü-

Joyce Post und Kendel striegeln Mähne und Schweif eines Pferdes kurz vor einer Ausstellung. (6) Kendel hat auch ihr eigenes Haar geflochten. (7) Sie überprüft einen Sattelgurt und wendet sich dann nach links, um die Beine von Pink Champagne zu bandagieren (8).

7

8

9

10

(9) Die Mitglieder der National-Meister-Leprechaun-Mannschaft wärmen sich auf. Der Nationalmeister Sidney Stang und Kendel werden von Joyce Post trainiert (10). Die Position von Kopf und Händen ist beim Voltigieren von größter Bedeutung; Kendel und Sidney führen auf dem Faß eine doppelte Fahne aus (11). Während Jeff Moore Bobcat aufwärmt, macht Kendel dasselbe. (12 und 13)

bungen und die Kür ohne abzubrechen in einem durchzuführen, während man in Amerika dazwischen pausiert. Uns fiel dieser einzige Vorgang ein bißchen schwer, aber wir schafften es schließlich doch. Als uns die Richter Zeichen gaben, begannen wir unsere Kür. Der Gesamteffekt war sehr erfolgreich; leider gab es das kleine Problem, daß das Mädchen, das in der Abschiedsnummer zuletzt aufspringen sollte, nicht hochkommen konnte, weil das Pferd total verschwitzt war. Nachdem die Kür so gut gelaufen war, haben wir darüber noch sehr gelacht. Als wir uns vor dem Verlassen der Arena verneigten, wurde uns nicht enden wollender Applaus gespendet. Sobald wir draußen waren, plapperten wir alle gleichzeitig durcheinander, warum nach der Meinung jedes einzelnen die ganze Kür so gut gelaufen war. Nach der Wertungskonferenz entdeckten wir uns dann mit einer Bewertung von 7.447 als Gewinner. Die nächstbeste Wertung nach uns war dann erst 6.2.

Nach der Rückkehr unserer Mannschaft aus Deutschland wurden wir oft um öffentliche Darbietungen gebeten. Wir traten auf einigen Messen und beim großen Jahresabschlußfest auf, aber unsere Kür war nie wieder so exzellent wie damals in Deutschland. Die meisten Mannschaftsmitglieder haben sich dann nach der Rückkehr um die Goldmedaille beworben. Ich machte nicht mit, denn ich fühlte mich noch nicht reif genug dafür. Da ich dieses Ziel aber einmal in allen Ehren erreichen wollte, entschied ich, noch einige Zeit zu warten.

Das Abschlußfest von 1979 im letzten Jahr war für mich bisher das beste, denn damals gewann ich meinen Titel. Ariana Forst und ich bewarben uns für das Leprechauns-A-Team. Wir verbrachten fast den ganzen Sommer unten in Watsonville und übten zusammen mit dem Team; wir voltigierten zweimal täglich, morgens und abends. Der Trainer Joyce Post war die ganze Zeit bei uns; er longierte das Pferd oder arbeitete ein Kürprogramm aus. Als uns die Europäer einige ihrer Mannschaften herüberschickten, die sich mit uns messen sollten, wählte Joyce das A-Team für die Internationale Auslese aus. Jeff Moor gab uns etliche Stunden und zeigte uns auch eine Möglichkeit, unser Pflichtprogramm zu beschleunigen, um bei der Kür über mehr Zeit zu verfügen. Nach Jeffs Überarbeitung unserer Kür bestand sie nunmehr hauptsächlich aus Tripelfiguren, denn wir hatten mittlerweile herausbekommen, daß alle Wertungsrichter ein Programm bestehend aus einer Fülle von schwierigen Tripelformationen gerne sehen. Was ich an Jeffs Unterrichtsmethode am meisten schätze, ist, daß er immer neue Ideen und Vorschläge hat, die meistens auf unsere Probleme Wunder wirken.

Endlich kam das Fest und es lief glänzend. Das Leprechauns-A-Team, bestehend aus Brian Post, Margie Cornell, Kim Gussenhoven, Lisa Richardson, Ariana Fort, Jenny Cornell, Lisa Gussenhoven und mir, war einfach umwerfend. Wir gewannen den Nationalen A-Team Wettbewerb (als erste sowohl in der Pflicht wie auch in der Kür) und wir avancierten so zu den Internationalen Reservemeistern. Auch bei den Einzelvorführungen schnitten alle aus unserem Team glänzend ab. Wir wurden Internationale Meister der Frauen (durch meine Leistung), gewannen einen ersten und einen dritten Platz bei der Nationalen Silberaustragung (durch mich und Ariana Fort), den Silberpokal der Drei-Phasen-Meister (durch mich), den Goldpokal der Drei-Phasenmeister (durch Kim Gussenhoven), den internationalen Meistertitel der Herren (Brian Post) und den internationalen Reservemeister der Herren (Kim Gussenhoven).

Nach dem Fest fand ich, daß nun endlich die Zeit gekommen sei, für meine Goldmedaille anzutreten. Brian und ich besaßen seit unserer Europatournee von 1977 nur die Silbermedaille. Da wir beide seit jeher immer schon in einem gewissen Konkurrenzverhältnis standen, strebte jeder von uns nach einer besseren Bewertung als der andere bei der Medaillenprüfung. Beide bestanden wir diese

11

12

13

14

15

16

17

18

19

20

Prüfung bestens – und obwohl ich keine Ahnung hatte, wer von uns die höhere Punktzahl erreichte, war ich sicher, daß er es war. Beide bestanden wir den Test in allen Ehren, und das Lustigste an der Sache war, daß wir beide haargenau die gleiche Bewertung bekamen: 9.701.

Seit ich nun meinen Titel habe, wurden mir schon viele Angebote gemacht. Ich habe (hauptsächlich zusammen mit meinem Team von 1979) schon zahlreiche Aufführungen gemacht, und es wurde mir sogar für die nächste Rosenpokalparade eine Nummer angeboten, die ein großer Spaß zu werden verspricht.

Das Voltigieren kennt aber auch weniger rühmliche Augenblikke. Als wir einmal auf der Messe von Santa Cruz den Leprechauns aufführten, sollte ich in einem Flip nach vorne abspringen. Jeff verkündete gerade über einen Lautsprecher, daß ich dies als erste Amerikanerin wagte – danach setzte ich zu meinem Absprung an. Das Nächste, woran ich mich erinnern kann, ist, daß ich überdrehte und mit dem Gesicht voran im Dreck landete. Ich war so zu Tode beschämt, daß ich zunächst liegenblieb. Dann raffte ich mich auf und rannte hinüber zur Startlinie. Ich glaube, es hat jeder in der Halle gelacht.

Ich reite, voltigiere und betreibe Gymnastik. Manchmal empfinde ich alle drei Sportarten zusammen ziemlich anstrengend, aber irgendwie gelingt es mir dann doch immer, Zeit dafür aufzutreiben. Ich glaube, daß mir meine Reitkenntnisse am hilfreichsten beim Voltigieren waren. Meine gute Kondition beim Turnen war sicher nützlich, aber doch nicht so nützlich wie das Reiten. Beim Voltigieren kann man so oft phantastische Turner sehen, die sich herrlich bewegen und durchstrecken können, aber auf dem Pferd die größten Schwierigkeiten haben, weil ihnen ein rhythmisches Gefühl fehlt. Wer reiten kann, findet viel leichter den natürlichen Rhythmus des Pferdes. Ohne dieses rhythmische Gefühl arbeitet man ge-

(14 – 20) Kendel reitet ihr eigenes Pferd Hi Bebe, während sie von Inez an der Longe geführt wird. Die Fahne, die Kendel hier vorführt (21), ist eine der sechs Grundübungen bei Voltigierwettbewerben.

21

25

24

29

28

33

32

gen das Pferd und kann bei den meisten Übungen nur mit Mühe aufstehen. Sogar die Grundbewegungen werden erschwert. Ich selbst kann das Pferd zu meinem vollen Vorteil ausnützen; wenn ich manchmal neue Übungen ausprobiere, mache ich mir meist keine Sorgen, ob das Pferd nun unter mir ist oder nicht – solange ich im richtigen Ryhthmus bleibe, kann praktisch nichts schiefgehen.

Anfangs war für mich das Wechseln der Pferde beim Voltigieren ein großes Problem – heute nicht mehr. Als ich mich seinerzeit für das U.S.-Team bewarb, konnte ich gerade mit Mühe auf unserem eigenen Pferd stehen – aber niemals auf einem fremden! Daraufhin ließen mich Inez und Jeff auf jedem irgend verfügbarem Pferd stehen. Ich konnte das zwar nicht ausstehen, aber heute weiß ich, daß diese Tortur unglaublich zur Erhöhung meiner Standfestigkeit beigetragen hat. Nachdem ich nun in den verschiedensten Mannschaften und mit den verschiedensten Partnern im Einzel voltigiert habe, kann ich mich sehr schnell auf ein fremdes Pferd einstellen. Mittlerweile schaffe ich es fast mit jedem Pferd und meistens arbeiten wir auch gut zusammen.

23

22

27

26

31

30

Die Gymnastik hat mir hauptsächlich zu schönen Bewegungen beim Voltigieren verholfen. Gelenkig wie ich bin, kann ich mich wirklich bei allen Übungen, die es erfordern, gut durchstrecken. Denn je höher einer die Beine zu strecken vermag, desto bessere Wertungen erzielt er. Ich habe seit meinem siebten Lebensjahr ernsthaft Gymnastik betrieben. Zweimal habe ich bei Schulwettbewerben mitgemacht und beide Male hoch gewonnen. Letztes Jahr nahm ich an der Nordküstenauslese für den besten Turner von Nordkalifornien teil. Die Ergebnisse waren gut: ich wurde Erste am Schwedenbarren und im Bodenturnen und Zweite im Kunstspringen. Alles zusammen brachte mir einen zweiten Platz ein. Auch nahm ich einmal an einem Wettbewerb teil, der von einem Gymnastikclub veranstaltet wurde; das war insofern recht interessant, weil das Niveau des Bewerbes sehr hoch war.

Eine andere der sechs Grundübungen, die Fahne, wird von Kendel auf Bobcat durchgeführt (22 – 33).

34

Das Wichtigste beim Voltigieren ist natürlich das Pferd. In allen jenen Ländern, wo es zur Ausübung dieses Sportes eigens eingerichtete Clubs gibt, findet man herrliche, dressierte Pferde, die in einem gesonderten Schulstall gehalten werden; das ist freilich ein großer Vorteil. Wenn aber, im Gegensatz dazu, das Voltigieren nur ein bescheidener Teil eines großen Programmes ist, finden sich kaum oder nur unter größten Schwierigkeiten Pferdeliebhaber, die bereit

35

sind, eigens dafür ein Pferd zu kaufen, es zu pflegen und es regelmäßig zu trainieren.

Der beste Rhythmus zum Erlernen des Voltigierens ist zweifellos der eines sich im Cantergalopp bewegenden Pferdes, denn diese Gangart unterstützt am besten die Bewegungen des Voltigeurs und gibt dem Übenden den zur Durchführung der diversen Übungen nötigen Schwung.

Bevor man unnötig viel Zeit investiert, um ein Pferd für das Voltigieren abzurichten, sollte man sich vergewissern, daß es fähig ist, im langsamen Cantergalopp einen besonders regelmäßigen Rhythmus zu bewahren und denselben auch länger auszuhalten, ohne sich übermäßig anstrengen zu müssen. Wichtig ist außerdem noch, daß jedes zu einer solchen Arbeit herangezogene Pferd an der Longe besonders gehorsam ist, denn es hat überhaupt keinen Sinn, mit einem Pferd Voltigierversuche zu unternehmen, solange es noch nicht völlig ausgebildet ist. Die Größe des Pferdes spielt merkwürdigerweise eine eher untergeordnete Rolle. Die meisten Übungsmannschaften unterstehen einer rein willkürlichen Zusammensetzung und es ist oft wirklich verwunderlich, wie sogar ganz kleine Kinder auf Pfer-

Kendel und zwei andere Mitglieder der Leprechaun-Mannschaft führen eine Nummer zu dritt aus (34). Sehr wichtig ist eine strenge Kontrolle des Longeurs (35) auf das leicht galoppierende Pferd. (36) Kendel und ein anderes Mannschaftsmitglied führen im Doppel die Fahne und den Kosaken-Überhang aus.

37

38

den von einer Höhe bis zu 15,3 Handspannen das Voltigieren erlernen.

Um ein gutes Voltigierpferd zu haben oder ein solches bei Laune zu halten, sollten die Lerner von allem Anfang an mit ihm Spaß treiben, es streicheln, kraulen und liebkosen, auf ihm herumklettern und ihm kleine Leckerbissen geben. Es ist ganz leicht erkenntlich, ob ein Pferd widerwillig ist; sobald man merkt, daß es zum Ausschlagen neigt, wenn man es an seinen Flanken berührt, oder sich aufbäumt, wenn der Voltigeur sein Gewicht zu weit nach hinten verlagert, muß es ausgewechselt werden. Auch Anfänger im Voltigieren können dazu beitragen, das Pferd zu trainieren, indem sie es an sich im Stand gewöhnen; fortgeschrittenere Voltigeure können die Übungen im Trab beginnen und dann in Cantergalopp überwechseln.

Am schwierigsten ist es, das Pferd von seiner Neigung, langsamer zu werden oder stehenzubleiben, abzuhalten, sobald ihm jemand

39

40

entlang der Longe entgegenläuft oder von seinem Rücken abspringt. Diesen instinktiven Block können erfahrene Voltigeure ausgleichen, indem sie im Stand aufspringen. Daraufhin beginnt der Trainer das Pferd anzutreiben; während des Laufens springen die Voltigeure nun ab und laufen neben dem Pferd her; dabei konzentriert sich der Trainer nur darauf, das Pferd in gleichmäßigem Tempo zu halten. Sobald ein Voltigieranfänger imstande ist, in jeder beliebigen Gangart abzuspringen und neben dem Pferd einherzulaufen, ohne daß das Pferd sein Tempo ändert, kann er mit dem Aufspringen beginnen, mit dem sogenannten „auf das Pferd Zulaufen".

41

Um das Pferd nicht unnötig zu erschrecken und nicht zu grob zu sein, empfiehlt es sich, beim Trainieren des Aufspringens zunächst im Schritt zu beginnen und dann erst allmählich in Trab und zuletzt in Cantergalopp überzugehen. Während das Pferd zum Schrittempo angehalten wird, befindet sich der Voltigeur anfänglich an der Seite des Trainers; daraufhin geht der im gleichen Tempo wie das Pferd an der Longe entlang bis zur Schulterhöhe des Pferdes. Die Hände halten nunmehr die Haltegriffe am Voltigiergurt fest, während der Voltigeur im Gleichschritt mit dem Pferd geht und dabei seine Schultern parallel zu denen des Pferdes hält. Wenn das Pferd dagegen nicht protestiert und ruhig weitergeht, wird es zum Antraben gebracht und der Voltigeur wiederholt das Ganze noch einmal, streng darauf bedacht, stets im Gleichschritt mit dem Pferd zu bleiben, in Schulterhöhe zu laufen und sich an den dafür vorgesehenen Haltegriffen festzuhalten. Zuletzt kann diese Übung auch im Cantergalopp durchgeführt werden, wobei der Voltigeur darauf achten muß, stets mit dem Hufschlag des Pferdes übereinzustimmen. Je nach Lernfähigkeit eines Pferdes kann diese Prozedur einige Tage, eine Woche und manchmal auch länger dauern, bis jede Bewegung wirklich sitzt. Und man braucht eine ganze Menge Geduld, bis man zu zufriedenstellenden Ergebnissen gelangt. Da die meisten Menschen Rechtshänder sind, ist das Voltigieren mit einem nach links

Kendel zeigt uns in dieser Photoserie eine ganze Reihe von Abstürzen (37 – 41); dabei führt sie uns einen Salto rückwärts vor.

42

43

44

45

46

47

49

50

51

52

laufenden Pferd wesentlich einfacher. Trotzdem ist es besonders für die Anfänger eine gute Übung, gelegentlich auch mit einem nach rechts laufenden Pferd zu trainieren; insbesondere für das Pferd ist es von größter Wichtigkeit, zumindest zeitweise auch beim Voltigieren nach rechts zu laufen oder zumindest während des Aufwärmens an der Longe nach rechts zu drehen, damit es nicht allzu einseitig belastet wird.

Ein Pferd kann ungefähr für eine Stunde zum Arbeiten im Stand, Trab oder Laufen verwendet werden, aber wenn es sich hauptsächlich im Cantergalopp bewegen soll, ist es angebracht, eine Zeitspanne von vierzig Minuten nicht zu überschreiten, in der auch Verschnaufpausen zwischen den einzelnen Übungen eingeplant sein sollten. Genau so wichtig wie eine strenge Kontrolle der körperlichen Verfassung des Pferdes ist, stets darauf zu achten, daß sich das Pferd nicht langweilt oder erschreckt.

53

54

55

Die für das Voltigieren nötige Ausrüstung besteht in erster Linie aus einem Voltigiergurt. Dieser hat an der Außenseite – oder an beiden Seiten (was besser ist, aber eigens bestellt werden muß) eine Einsteigschlaufe für den Fuß. Darauf befindet sich oben in der Mitte ein Ring, an dem eine Halteleine angebracht ist und weitere Ringe entlang der Seiten, an denen die Longezügel befestigt werden; eine Trense, eine Longe, seitliche Zügel und eine Longierpeitsche. Der Voltigiergurt muß eng sitzen und an den Widerristen gepolstert sein, wobei ledergefütterte Polsterungen die besten sind. Die Haltegriffe müssen weit genug vom Gürtel abstehen, damit die Hände ohne Schwierigkeiten aus- und einschlüpfen können und die Knöchel dabei nicht abgeschürft werden. Wenn die Haltegriffe fest genug sind, erleichtern sie so dem Voltigeur das Aufziehen des eigenen Körpers über das Pferd; flexible Griffe sind da nicht so günstig. Für Anfänger wird oftmals ein Filzpolster unter den Voltigiergurt gegeben, der ihnen beim Üben hilft, weniger leicht abzurutschen. (Bei Wettbewerben ist das freilich nicht erlaubt; hingegen darf man sich des Kolophoniums bedienen). Es ist ratsam und nützlich, eine kleine Decke aus Schafsleder dem Pferd aufzulegen, die es von dem Wundreiben bewahrt; diese kann zusammen mit dem Voltigiergurt bestellt werden.

Zur normalen Übungstätigkeit kann eine einfache Longetrense mit seitlich daran befestigten Zügeln verwendet werden. Wenn ein Pferd daran gewöhnt ist, ein Zaumzeug zu tragen, können die Zügel unter der Halshalfterung durchgezogen werden, während man die Longe am direkt daneben befindlichen Trensenring befestigt, über den Kopf zieht und durch die seitlichen Ringe am Voltigiergurt führt. Eine auf diese Weise fixierte Longe belastet nicht unnötig durch ihr Gewicht das Maul des Pferdes, sondern überträgt nur alle Züge und Kontrollen von Seiten des Trainers so direkt als möglich.

Seit fast dreizehn Jahren reite ich und hege nach wie vor eine große Liebe zu Pferden. Ich habe die verschiedensten geritten. Manche gehörten Freunden, andere lieh ich aus. Vor ungefähr zweieinhalb Jahren bekam ich mein eigenes Pferd und ich brachte ihm Western Riding (d.h. den mittelamerikanischen Reitstil der Cowboys) bei. Es ist ein Quarter Pferd und heißt Cookie Cutter. Es war eigentlich das erste Pferd, in das ich mich auf den ersten Blick Hals über Kopf verliebte. Anfangs war es noch nicht sehr trainiert. Heute bin ich jedesmal sehr froh, es auf einer Show vorzuführen und dabei gut abzuschneiden, weil ich daraus erkennen kann, das Beste aus ihm herausgeholt zu haben. Cookie ist jetzt sieben Jahre alt und ich denke, es für immer zu behalten.

Manchmal habe ich ernste Schwierigkeiten, allen meinen geliebten Hobbies gleichzeitig nachzugehen, aber ich will unter keinen Umständen auch nur eines davon aufgeben. Ich weiß, daß mir das Reiten beim Voltigieren weiterhilft, daß das Voltigieren der Gymnastik zugute kommt und die Gymnastik ihrerseits für das Voltigieren unentbehrlich ist. Drei Sportarten zu betreiben ist sicherlich hart, aber die Sache wird mir dadurch erleichtert, daß sie alle saisonbedingt begrenzt und zu verschiedenen Zeiten aktuell sind.

Jetzt sind es genau fünf Jahre, daß ich voltigiere und ich habe bisher jeden Augenblick davon genossen. Ewig schade, daß Voltigieren keine olympische Disziplin ist, denn da würde ich schrecklich gern mitmachen. Das war es nämlich bis vor ein paar Jahren noch,

(54) Pink Champagne schlägt aus und die Voltigeure können nur mit Mühe ihr Gleichgewicht halten. Der Internationale Meister der Herren, Brian Post, der Nationalmeister der Herren Kim Gussenhoven und Kendel führen einen Tripel-Decker (55) vor. (56) Brian und Kim unterstützen Kendel bei der Übung »Der fliegende Engel«. Der Trainer des amerikanischen Teams Jeff Moore und Elizabeth Searle, die Präsidentin der Amerikanischen Voltigiergesellschaft, posieren mit Kendel und den von ihrem Team in Europa errungenen Preis für ein Photo (57).

56

aber da es heute zu wenig teilnehmende Länder gibt, ist es abgeschafft worden. Ich hoffe, im Sommer wieder nach Europa fahren zu können, aber es bestehen noch keine konkreten Pläne dafür. Mir persönlich würde ein im Einzel ausgetragener Wettkampf gegen Europäer richtig Spaß machen.

Obwohl sich meine Eltern vor ein paar Jahren scheiden ließen, konnte ich mein Voltigieren fortsetzen; entweder Inez oder meine Mutter bringen mich immer zum Training. Meine Mutter zog fort, und mein Vater heiratete wieder. Da die Situation zu Hause recht ungemütlich geworden war, ging ich für eine ganze Weile fort. Als mir Inez Fort dann anbot, in ihrer Familie zu leben, sagte ich sofort freudig zu. Obwohl ich sehr an beiden Elternteilen hänge, fühle ich mich bei den Forts wie zu Hause.

Ich würde mich selbst als Mensch mit einer Fülle von Schwächen bezeichnen, aber ich glaube dennoch, daß sie erträglich sind. Da ich seit jeher strebsam veranlagt bin, kann ich allerdings nicht ertragen, in irgendetwas geschlagen oder überboten zu werden. Wer selbst noch nie an der Spitze gestanden hat, empfindet das Geschlagenwerden nicht so hart.

57

LUCINDA PRIOR-PALMER England

Von all den Reiterinnen, die ich kennenlernte, ist Lucinda Prior Palmer die einzige, die in ihrem Land auch berühmt ist. Sie war das letzte Mädchen, das ich für mein Buch photographierte, und ich werde nicht so schnell diese frühen Märzmorgen in England vergessen; vor allem einen verregneten Morgen, als ich sie beobachtete, wie sie im Morgengrauen über die Hügel von Salisbury Plain galoppierte.

Die Beschreibung der Internationalen Reitervereinigung (International Equestrian Federation – FEI) lautet: »Der Drei-Tage-Wettbewerb (Three-Day-Event) ist der vollständigste kombinierte Wettkampf, der vom Reiter die Beherrschung aller Reitdisziplinen und ein exaktes Abschätzen der Fähigkeiten seines Pferdes voraussetzt und vom Pferd ein beachtliches Können, basierend auf Intelligenz und fachmännisches Training, verlangt.«

Diese Pferdewettkämpfe haben ihren Ursprung in den Prüfungen für Kavallerie-Regimenter und auf dem Kontinent werden sie auch heute noch oft Militär-Disziplin genannt. Sie stellten ursprünglich einen Test für die Leistungsfähigkeit und den Mut sowohl des Reiters als auch des Pferdes dar, und der moderne Wettbewerb sieht darin auch heute seine Aufgabe. Im Drei-Tage-Wettbewerb wird folgendes verlangt: In drei aufeinanderfolgenden Tagen sind zuerst die drei Dressurdisziplinen auszuführen (um zu beweisen, daß das Pferd abgerichtet, ausgeglichen und folgsam ist); dann wird Schnelligkeit und Ausdauer in einem Geländelauf über 12 – 15 Meilen auf Straßen und Wegen sowie einem Hindernislauf über 30 natürliche Hindernisse geprüft (um zu beweisen, daß das Pferd sowohl mutig und klug und in Bestform ist); und schließlich findet ein Schauspringen statt, das im Vergleich zum modernen Sprungwettbewerb relativ einfach ist, da in diesem Fall das Pferd zu beweisen hat, daß es noch in der Lage ist zu kämpfen, nachdem es einen so anstrengenden Geländelauf hinter sich gebracht hat.

Großbritannien ist in der glücklichen Lage, das wichtigste Drei-Tage-Wettkamp Land der Welt zu sein. Der berühmteste Drei-Tage-Wettkampf wird jährlich im April in Badminton, dem Heimatort des Herzogs von Beaufort, ausgetragen. Badminton ist für den Drei-Tage-Wettkampf so etwas wie Wimbledon für Tennis oder die Henley Regatta für das Rudern.

1

Reitturnier-Superstar Lucinda Prior-Palmer mit Killaire (1).

2

3

Der bisher größte Erfolg von Lucinda Prior-Palmer ist, daß sie die einzige Person ist, die den Drei-Tage-Wettkampf viermal gewonnen hat und zwar jedesmal auf einem anderen Pferd. 1973 auf ihrem eigenen Be Fair, 1976 auf Mrs. V. Phillips Wideawake, 1977 auf Mrs. H. Strakers George und im Jahre 1979 auf Mr. C. Cyzers Killaire.

Lucindas weitere große internationale Erfolge sind: die Europameisterschaft 1975 auf Be Fair, die Europameisterschaft 1977 auf George und ihre Teilnahme als Mitglied der britischen Mannschaft an den Olympischen Spielen 1976 in Montreal auf Be Fair.

Außer diesen Erfolgen war sie viermal Drei-Tage-Wettkampf Punktmeisterin von Großbritannien und seit 1973 mit verschiedenen Pferden ununterbrochen in den Siegerrängen. Dies ist eine außergewöhnliche Leistung, die voll und ganz auf ein natürliches Talent, auf Hingabe und eine Menge Arbeit zurückzuführen ist!

Während der Akrobat die Niagara Fälle auf einem gespannten Seil überquert, verliert er das Gleichgewicht und fällt in den tosenden Fluß. Ein Mitglied der Akrobaten „Rote Teufel" verschätzt sich bei einer Bewegung, die Erdanziehung kommt zum Zug, er fällt zu Boden. Ein Ehemann findet nicht die Ausgewogenheit zwischen seiner Arbeit und seinem Familienleben, seine Frau verläßt ihn. Die Nazis störten das Gleichgewicht der Macht und die Welt stürzte in einen Krieg.

Gleichgewicht, Zeitgefühl, man kann es nennen wie man will, sind eine Grundvoraussetzung für alles. Vom Erlernen der ersten Schritte bis zum Meistern des Lebens, je ausgeglichener man ist, umso besser ist das Ergebnis. Sein Fehlen kann den Sturz vom Sessel oder eine Tragödie hervorrufen, oder zu einem internationalen Unglück führen.

Zuhause in Appleshaw House arbeitet Lucinda mit Mairangi Bay im Dressur-Viereck (2). Später (3) reitet sie mit ihm über eine Reihe von niedrigen Hürden in einem nahegelegenen Wald.

5

6

4

7

Gleichgewicht ist schwer zu beschreiben, da es wahrscheinlich etwas Unbewußtes ist. Jeder hat es, aber einer entwickelt es und der andere unterdrückt es. Es wird psychisch und nicht physisch beeinflußt. Ich glaube, daß deshalb oft ein Mensch, der kein Genie ist, mehr erreicht, als das Genie selbst. Er muß viel mehr nachdenken und sich anstrengen, um überhaupt die Basis zu erreichen, auf der das Genie beginnt. Mit diesen Erfahrungen findet er Antwort zu viel mehr Problemen als das Genie, das auf Grund seiner Begabung sich nie mit diesen konfrontiert sieht.

In den letzten acht Jahren habe ich mich oft gefragt, worauf mein Erfolg, den ich glücklicherweise gehabt habe, zurückzuführen ist. Alle jene, die mir Unterricht gegeben haben, können bestätigen, daß ich kein Genie bin. Es ist auch nicht ein besonders hoher Intelligenzgrad oder übermäßiges Talent. Es ist nicht Geld oder Intrige. Warum also kam der Erfolg zu mir? Ich hatte unglaublich viel Glück in meinem Leben. Oft und oft wurde mir bewußt, daß ich unter einem sehr guten Stern geboren war. Natürlich wurden meine unglaublichen Höhen durch einige bittere Tiefpunkte ausgeglichen, aber alles in allem glaube ich, daß ich Glück habe und ich fürchte

(4) Das Familien-Haustier Oliver Plum macht es sich in einem von Lucindas Pokalen gemütlich. Dahinter kann man einige ihrer insgesamt vierzehn Silber-Badmington-Trophäen erkennen. (5) Nach der Morgenarbeit, reitet Lucinda auf Beagle Bay die Straße hinunter, die in das Dorf Appleshaw führt. Lucinda mit Killaire (6) vor ihrem Haus, und mit Beagle Bay (7) bei den hinter dem Haus befindlichen Stallungen. (8) Der berühmte Killaire, das einzige Pferd, das je in Badmington sowohl an erster, zweiter wie auch dritter Stelle placierte.

9

mich, daran zu denken, wie ich mich verhalten würde, wenn mich dieses verläßt.

Während ich mit meinem Pferd auf das Startzeichen zu einem Geländelauf bei einem internationalen Drei-Tage- oder nur einem Ein-Tage-Wettkampf warte, habe ich immer Angst. Selbstzweifel und die Angst vor dem Unbekannten, sollte mein Glück heute seinen freien Tag haben, quälen mich, und ich erkenne, daß es etwas mehr als nur Glück ist, dem ich vertraue. Es ist Glaube. Glaube an die Verbundenheit mit meinem Pferd und im weiteren, mehr unbewußten Sinn, mit unserem gemeinsamen Schöpfer.

Wie kann der Reiter seinem Pferd mitteilen, was kommen wird? In meiner Vorstellung sehe ich das Pferd und den Reiter als ein großes Rad, das sich ständig dreht: durch die Arme des Reiters, die Zügel hinunter, durch das Gebiß und den Kopf des Pferdes, zurück seinen Hals hinunter, durch seinen Körper, die Beine des Reiters hinauf, in dessen Hosenboden und hinauf in seine Arme zurück. Vorausgesetzt, daß keine Unterbrechungen und Störungen in diesem Rad existieren, können physische Anordnungen dem Pferd übermittelt werden; gefährlicher Zaun vor uns – werde langsamer und reagiere schnell und klug, oder großes, festes Hindernis vor uns – galoppiere schnell und vollführe einen weiten, leichten Sprung.

Wenn der Reiter das Gefühl für dieses sich ständig drehende Rad nicht hat, wird er schwerlich das Gleichgewicht halten können und ohne physisches Gleichgewicht kann das Pferd nur einen Teil seiner eigenen Möglichkeiten nützen. Dasselbe gilt für alle Sportarten – Schifahren, Schwimmen, Fechten usw.

Es gelingt nur wenigen, ein Pferd ins Gleichgewicht zu bringen und ihm zu helfen, in diesem zu verweilen. Einer meiner großen Glücksfälle – nach meinem Anfangsglück Eltern zu haben, die soviel Menschlichkeit, Humor und Intelligenz besitzen – war Be Fair.

Be Fair, ein kastanienbraunes Vollblut, war mein erstes Pferd. (Der Wechsel von Ponies auf Pferde ist mit dem Wechsel von Rollschuhen zu Eislaufschuhen zu vergleichen.) Be Fair hatte zwei unzerstörbare Vorteile: sein Herz und sein unglaublich natürliches Gleichgewicht. Es mußte mich von meinem fünfzehnten bis zum einundzwanzigsten Lebensjahr ertragen, und sie können mir glauben, daß diese sieben Jahre ständiges Lernen für mich bedeuteten,

Bei Tagesanbruch eines regnerischen Tages trainiert Lucinda mit Beagle Bay auf den Hügeln von Salisbury Plain (9 und 10).

10

11

meist durch meine eigenen Fehler. Wäre Be Fair nicht gewesen, würde ich diese Zeilen nicht schreiben, da diejenigen, die von mir gehört haben, ohne die Existenz „des Größten", wie meine Familie ihn bald nannte, keine Gelegenheit dazu gehabt hätten.

Er war ein schlimmer, verwöhnter fünfjähriger Schüler, als er das erste Mal nach Appleshaw kam. Den Großteil dieser sieben Jahre verbrachten wir, in guten und in schlechten Zeiten, miteinander. Ohne daß ich mir dessen so richtig bewußt wurde, lehrte mich Be Fair eine Art von Liebe, die weit über meine Pony-Verrücktheit hinausging. Meine ganze Kindheit hindurch war ich in Pferde und in alles, was mit ihnen zu tun hatte, vernarrt. Ich liebte die drei Ponies, die ich eines nach dem anderen hatte, so sehr, daß ich meistens die Schulaufgaben und alle Hausarbeit ignorierte. Zu dieser anfänglichen und normalen Begeisterung kam durch Be Fair eine neue Dimension hinzu – das Enstehen einer tiefgehenden Bindung, die sich auf gegenseitiges Vertrauen und Achtung stützte. Unsere Bindung war so stark geworden, daß wir, obwohl ich mit achtzehn Jahren technisch gesehen noch in den Kinderschuhen steckte, im Jahre 1973 in Badminton gewannen.

Während ich mir meiner Unzulänglichkeiten als Reiterin nur allzu bewußt war, schrieb ich nach diesem einmaligen Erlebnis ein Gedicht nieder und wartete in Angst auf meinen Mißerfolg.

Humbly he starts at the base,
Beginning his climb up and up
Onto and over the sturdy branches of experience.
Suddenly the world begins to notice a shaking of leaves
Some fall – others part
To make way for him.
Precariously balancing on a leaf at the top,
A leaf that will fall unhindered to the ground
When blown by that wind of ill-fate.

(Demütig beginnt er, klettert höher und höher bis und über die robusten Zweige der Erfahrung hinaus. Plötzlich bemerkt die Welt ein Zittern der Blätter, einige fallen und andere geben den Weg für ihn frei. Gefährlich balanciert er auf einem Blatt in der Höh', ein Blatt, das unbehindert zu Boden fällt, sobald der Wind des Unglücks weht.)

Lucinda und Charlie Micklem studieren die Rennstrecke von Shelswell, wo sie am folgenden Morgen (11) an einem Tagesturnier teilnehmen werden (15).

Mit diesen schwarzen Gedanken und meiner noch sehr geringen Erfahrung mit den Schwierigkeiten des Drei-Tage-Wettbewerbs, war mein Scheitern unvermeidlich. Da mir klar war, daß Be Fair nicht für immer existieren wird, begann ich, mit anderen Pferden reiten zu lernen, und das Blatt wendete sich zum Schlechten. In den folgenden zwei Jahren hatte ich in den fünf wichtigsten internationalen Drei-Tage-Wettbewerben fünf Stürze. Einen davon sogar mit Be Fair bei der Europameisterschaft in Kiew in der Sowjetunion.

Meine Zukunft hing in der Luft, da bekam ich Mitte 1975 eine Einladung, beim Boston Drei-Tage-Wettbewerb in Ledyard Farm Mrs. Phillips Wideawake zu reiten. Ich hatte beschlossen aufzugeben, sollte ich in Ledyard neuerlich stürzen. Ich fühlte immer stärker, daß ich die Pferde, die mich trugen, nicht verdiente. Diese waren gut, ich war es, die immer wieder furchtbare Fehler machte. Obwohl ich Wideawake bereits seit zwei Jahren ritt, war zwischen uns keine enge Bindung, kein »heißer Draht« entstanden. In Ledyard hatten wir jedoch eine Annäherung – wir bleiben auf den Beinen. Die Erleichterung war überwältigend. Ich hatte dieses Leben, das ich seit fünf Jahren führte, und den Sport, den ich immer besser kennenlernte, nicht aufgeben wollen.

14

12

13

15

16

Das Glück bleib mir treu. Drei Monate später schoß Be Fair über die Lüneburger Heide und wurde Europameister. Im nächsten Frühling nahm Be Fair in Badminton nicht teil, da er für die Olympiade in Montreal geschont wurde. Als der Wettkampf in Badminton ausgetragen wurde, hatten Wideawake und ich plötzlich unseren heißen Draht gefunden. Wir gewannen zusammen und wenige Minuten nach dem Sieg starb Wideawake.

Why so kind?
Thank you.
How privileged am I
For all that you give me.
The thrill of achievement
Only surpassed by the thrill of communication.
Just in time
Why so kind?
Just too late
Would be most people's fate.
Thank you, God, for such a find.

17

18

(Warum so gütig? Habe Dank. Wie bin ich verwöhnt mit allem was du mir gibst. Die Freude über das Erreichte nur übertroffen durch die Freude über die Verbundenheit. Gerade im rechten Moment, warum so gütig? Gerade zu spät wäre das Los der meisten. Habe Dank, Gott, für diese Erkenntnis.)

Bis heute ist die Ursache für Wideawakes Tod noch immer ein Rätsel. Man hat vermutet, daß der Vagal Nerv seinen Herzschlag verlangsamte, was auch seine Pflicht war, es dann aber unterließ, ihn wieder frei zu geben.

Drei Monate später beendete Be Fair seine Wettkämpferlaufbahn. Er verletzte seine Achillessehne, während er bei der Olympiade am Ende des Geländelaufs die letzte Wende vor dem Ziel ausführte. Er gewann deshalb niemals die Medaille, die er so sehr verdiente, aber er bekam seine Ehrung auf andere Art.

Sein Leben war wie ein Märchen, bis zur bitteren Wahrheit des wahren Lebens an seinem Höhepunkt, so daß ich versuchte, Be Fairs Geschichte aufzuschreiben und es entstand »Up, Up, and Away« – Be Fairs Biographie. Eine Medaille hätte nur einen einzigen Erfolg widergespiegelt; das Buch erzählte seine ganze Karriere.

Dies bedeutete für mich das Ende des Wettkampfes, wie ich ihn gekannt und geliebt habe. Der Mittelpunkt der Familie, Be Fair, war nicht mehr in der Lage zu kämpfen. Seine Nummer zwei war im Himmel. Die wichtigste Stütze, mein Vater, wurde sehr krank, als der Krebs langsam begann, Besitz von ihm zu ergreifen.

Obwohl man dies erst rückblickend erkennen kann, war das Jahr 1977 für mich der Beginn einer ganz neuen Existenz. Es wurde das erfolgreichste Jahr, das ich wohl je erleben werde, aber es war das Jahr, in dem ich aus den Gleisen kam. Die einfache, persönliche, familiäre Welt gab es nicht mehr. Die Energie wurde nicht mehr von unserem eigenen Wasserrad am Ende des Gartens geliefert.

19

Lucinda, ihre Reitmanagerin Joanna Capjon und Foxy Bubble warten auf den Beginn der Dressurreitprüfung in Shelswell (16). Nachdem sich Lucinda mit Foxy Bubble vor den Wertungsrichtern verneigt hat, beginnt sie mit ihrem Programm (17). Nach der Prüfung unterbricht Lucinda kurz, um Captain Mark Phillips (18) zu begrüßen; danach setzt sie fort und bereitet Foxy Bubble auf das Springturnier vor.

20

21

22

25

26

27

28

Obwohl ich im Vorjahr die beiden wichtigsten Pferde verloren hatte, war ich durch eine Reihe von unglaublichen Zufällen nicht ohne Pferd, um wieder in Badminton zu reiten. Mrs. Strakers George und Mr. Cyzers Killaire füllten die Lücke. Das erstere war ein sehr gutes Pferd, hatte aber außer seinem guten Ruf auch eine Serie von Stürzen aufzuweisen. Das letztere war ein irisches Jagdpferd, etwas mehr als ein dreiviertel Vollblut, das langsamer war als das Durchschnittsjagdpferd. Es hatte jedoch eine so zeitgewinnende Art über die Zäune zu gleiten, daß es sechs Monate vorher in Badminton unter den Finalisten war, obwohl wir erst seit drei Wochen zusammengewesen waren.

Niemand aus unserer Familie setzte Vertrauen in die beiden Pferde, aber sie kamen alle nach Badminton, um in ihrer üblichen aufmunternden und unterstützenden Art mit dabei zu sein. Nach außen hin war alles wie immer. Mein Vater spielte seine helfende Rolle, teils Reitknecht, teils Koordinator, aber auch sein ganzer persönlicher Mut konnte seine Krankheit nicht verschleiern.

Irgendwann in der Mitte des Vormittags des Geländelauftages befand ich mich wieder in Einklang mit mir. Innerhalb von dreißig Stunden war das Unglaubliche geschehen. Mein Vater hatte die Möglichkeit, Zeuge eines unwahrscheinlichen Triumphes seines letzten Badminton zu werden. George gewann und Killaire wurde Dritter. Er erlebte nicht mehr, daß George vier Monate später die Europameisterschaft gewann, daß Killaire in Amerika Dritter wurde und daß Village Gossip unter den Finalisten in Holland war.

(20) Bevor Lucinda die Arena für das Springturnier betritt, bleibt sie noch einen Moment stehen und wechselt einige Worte mit ihrer Mutter. Hier nimmt Mairangi Bay mit Lucinda einige der Hürden (21 – 28). Sowohl Mairangi Bay als auch Beagle Bay sind sehr junge Pferde, mit denen Lucinda regelmäßig trainiert.

Niemand in meiner Familie konnte verstehen, wie es zu diesen Ergebnissen kam. Wir waren alle verloren, in einem gefühllosen Zustand, unsere persönliche Energiequelle war versiegt.

Sowohl George als auch Killaire waren Pferde, mit denen ich, bevor unser gegenseitiges Vertrauen einer Prüfung unterzogen wurde, wenig zu tun gehabt hatte. Zum Glück fand ich mit beiden leicht den heißen Draht, nicht wie bei Wideawake oder Village Gossip, bei denen es Jahre und nicht Tage dauerte, bis wir diese Linie gefunden hatten. Village Gossip behält bis heute immer noch einen Teil für sich selbst. Trotz unseres Kommunikationsmangels im ersten Teil des Drei-Tage-Wettkampfes, der Dressurprüfung, war seine Zähigkeit im Geländelauf so groß, daß er im darauffolgenden Jahr 1978 in Badminton unter den Finalisten war.

In diesem Jahr begann noch eine weitere neue Ära und Existenz. Um an den Wettkämpfen teilnehmen zu können, war ein Sponsor unbedingt notwendig. Overseas Containers Limited machte ein großzügiges Angebot und half, zumindest vorübergehend, die finanziellen Sorgen der letzten Jahre zu vergessen.

Dadurch entstand jedoch ein neuer Druck. Es konnte nicht mehr so leicht genommen werden, wenn ich meinen Weg verfehlte oder stürzte. Jetzt war ich einem Firmenbudget Rechenschaft schuldig und nicht mehr einer begeisterten und selbstlosen Familie, mit der

23

24

29

man darüber lachen konnte. Ich muß zu OCL's Ehre sagen, daß diese nie auch nur den geringsten Druck ausgeübt oder ein Zeichen von Unzufriedenheit gegeben haben. Aber trotz allem blieb doch die Tatsache, daß ich Allgemeingut war und die Verpflichtung hatte, gute Arbeit zu leisten.

Es gab Zeiten, in denen das familiäre Gefühl und die Freude verschwunden waren, so daß ich mich verzweifelt fragte, warum ich weiter an den Wettkämpfen teilnahm. Dann ging ich, außerhalb der Saison, für zwei Monate fort, meistens ins Ausland, und dann wußte ich es wieder. Nach einer willkommenen Unterbrechung erkannte ich, daß es zunehmend schwieriger ist, ohne diese Liebe, diese Freude am Teilen und Verbundensein und die ständige Möglichkeit, etwas Neues zu lernen, zu leben.

Lucinda mit Killaire (29) vor dem Beginn des Cross-Country-Abschnittes des Turniers. (30 – 36) Lucinda überwindet mit Erfolg die achtzehnte Hürde der Shelswell-Rennstrecke. Hier springt sie mit Mairangi Bay über ein Doppel-Hindernis, das das neunzehnte auf diesem Parcours ist (37 – 47).

30

32

31

34

33

36

35

37

38

39

4

41

42

43

44

45

46

47

48

49

Diese Liebe ist so klar wie eine Wasserquelle. Sie ist uneigennützig, selbstlos, nicht besitzergreifend, spontan. Be Fair hatte mir über die natürlichen menschlichen Grenzen hinaus einen Blick in eine andere Dimension gewährt. Wenn dieser Blick für einige Zeit getrübt ist, wird das Leben leer.

Nach dem Rücktritt von Be Fair im Jahre 1976, hat es in meinem Leben noch einen Hengst gegeben: Killaire. Obwohl er in jeder nur erdenklichen Art anders war als Be Fair, hat er gemeinsam mit ihm das gleiche weite Herz und die Kapazität zu lieben, zu vertrauen und zu versuchen. Killaire war nie dazu geschaffen ein Wettkampfpferd zu sein, und doch, auf Grund dieser Eigenschaften, wurde er eine Berühmtheit. Er ist das einzige Pferd, das Erster, Zweiter und Dritter in Badminton wurde. Er gewann im Jahre 1979 und diesmal war er es, der in mir den Wunsch wachrief, ein anderes Buch zu schreiben. »Four Square«, ein Tribut für ihn – für George, Wideawake und Be Fair – die alle eine interessante Geschichte über ihre jeweiligen Badminton-Siege erzählen konnten.

Meine Erfahrung ist nur gering, aber bis jetzt kam ich zu der Überzeugung, daß Verständigung den Schwerpunkt des Lebens darstellt. Ohne sie überwiegt die eine Seite des Lebens die andere und Harmonie und Glück ist unmöglich.

Lucinda mit Killaire galoppiert auf Shelswell von (48) einem Zaun zum anderen. Nachdem sie gerade die Cross-Country-Prüfung mit Erfolg bestanden hat, lobt sie voll Stolz ihr schnaubendes Pferd (49).

NEENIE BLAKE USA

Der Herausgeber einer amerikanischen Pferdezeitschrift hatte mir einmal die Photographie eines Mädchens in weißem Indianerkostüm gezeigt, das mit weit ausgestreckten Armen auf einem ungesattelten, ungezäumten, springenden Pferd saß. Dieses Bild führte mich letztlich nach Boise, Idahoe, zu Neenie Blake, der Königin der sattellosen Eh-Capa Reiter (Vorfahren der Apachen) und zur Miss High School des Amerikanischen Rodeos.

Es war ein wahres Vergnügen, die Mannschaften bei der Arbeit zu beobachten; sie bestand aus Jack, Alice und Neenie Blake – Vater, Mutter und Tochter. Jack schaute auf die Pferde, besorgte ihren Transport und all die Schwerarbeit, die ein Rodeo mit sich bringt; Alices Aufgabe war die Fertigstellung von Kostümen und die Dutzenden von Kleinigkeiten; und Neenie unterstützte sie und wurde gleichzeitig von den beiden anderen unterstützt. Ich habe selten eine so vereinte Familie wie diese gesehen.

Neenie hegte zu ihrem Pferd Buck ein ganz besonderes Verhältnis. Da dieses Team schon seit einigen Jahren zusammenarbeitete, schien Buck genau zu wissen, was von ihm erwartet wurde. Außerdem hatte er einen starken Charakter, der ihn sympathisch und leicht photographierbar machte.

Die Liebe innerhalb einer Familie ist bestimmt ein echter Wert und kann wahrscheinlich allen anderen vorgezogen werden; auch zählt als solcher eine innige Zuneigung zu Haustieren wie Hunde und Katzen, aber einen besseren Gefährten als ein Pferd kann ein junges Mädchen kaum finden. Vielleicht trügt mich manchmal mein Erinnerungsvermögen, aber an meinen ersten Kontakt mit Pferden, anläßlich eines Ausrittes mit meinem Vater auf so etwas Ähnlichem wie einem Hyper-Familienpferd, das irgendwelchen Freunden gehörte, kann ich mich ganz genau erinnern. Es muß kurz nach meinem vierten Geburtstag gewesen sein, so wie mir von meinen Leuten berichtet wird. Meine Betörung muß mit diesem Ausritt begonnen haben; es ist einer meiner wenigen klaren Eindrücke, die mir aus der Zeit meiner Kindheit geblieben sind.

Mein achter Geburtstag war bereits lange vorbei, bevor ich das nächste Mal ritt. Dad, mein Bruder Mike, meine Schwester Leslie und ich ritten gelegentlich auf geliehenen Pferden am Fuße der kalifornischen Hügel. Diese Stallveteranen kannten alle Tricks, einen ins Unbekannte zu ziehen. Diese Ausgänge fanden eher selten statt, und ich entwickelte auch keine Zuneigung zu einem bestimmten Tier; aber der Wunsch nach einem eigenen Pferd für mich allein war damit geboren worden.

(1) Die amerikanische Miss High School Rodeo Neenie Blake (17 Jahre) in ihrem Eh-Capa-Kostüm und ihr Pferd Buck.

1

2

3

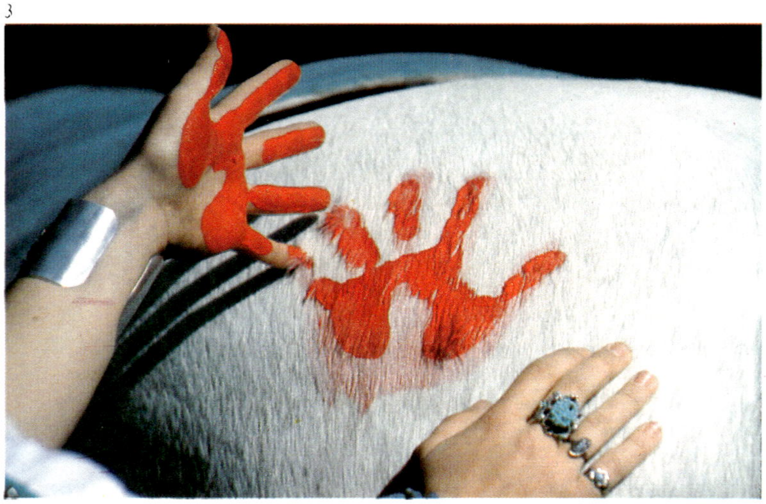

4

Dads letzte Luftwaffenversetzung führte uns in das Maxwell Air Base in Montgomery, Alabama, wo ich im Jahre 1963 geboren wurde. Obwohl die Familie auf der Übersiedlung dorthin von Pferden sprach, gab es vorderhand noch keines für mich. Haustiere waren bei uns ständige Familienmitglieder, aber da keiner von uns die Erfahrung hatte, wie man etwas so Großes und Unhandliches wie ein Pferd halten oder bewegen soll, wurde beschlossen, mich Reitstunden nehmen zu lassen.

So wurde für meine Schwester und mich ein Reitstall ausgesucht, der von einem pensionierten Kavallerie-Sergeant geführt wurde. Für mich begannen nun Monate in einer kreisförmigen Einzäunung aus parallelen Latten, die so aufgestellt waren, daß ein Pferd außer zum Wenden am unteren Ende sich immer nur in einer Richtung fortbewegen konnte. Dieser sogenannte »Hahnenfänger« befreite den Trainer vom Problem der Richtungskontrolle und erlaubte ihm so, sich mehr auf korrekten Gang und Sitz für das jeweilige Manöver jedes einzelnen Reiters konzentrieren zu können.

Prinzipiell wurde der englische Reitstil gelehrt; obwohl es noch nicht den Anschein hatte, daß ich übertrieben schnell vorankam, muß ich doch einige brauchbare Grundlagen erlernt haben. Trotzdem machte meine Schwester bessere Fortschritte und durfte bald in die Mittelklasse aufsteigen, wo sie gleich mit Springen in der großen Arena begann. Aber als sie das erste Mal vom Pferd stürzte, verlor sie jegliches Interesse am Reiten im Sinne von Amüsement.

Es gab die sogenannten »Field Days« (eine Sportveranstaltung zu Jahresschluß, die in den amerikanischen Schulen in großem Rahmen durchgeführt werden) – an denen die fortgeschrittenen Studenten bei Jagdsprung-Wettbewerben gegen die Teams anderer Reitställe antraten. Ich konnte an mir selbst den Wunsch reifen sehen, persönlich an diesen Wettkämpfen mitzumachen, aber in Alabama konnte ich dies leider nicht verwirklichen. Vater ließ sich von der Luftwaffe pensionieren, und wir planten, nach Idahoe zu übersiedeln, wo er aufgewachsen war; mir wurde damals ein Pferd versprochen.

Eines der unzähligen Pferde, die wir uns damals ansahen, war eine hübsche Stute, die es sich offensichtlich gemütlich machte, nachdem Dad sie eine Weile geritten hatte. Sie war ein regelrechter Faulpelz, aber sobald sich die erste Chance ergab, ging sie mit uns durch. Unsere siebzig Pfund Gewicht reichten nicht aus, sie zum Stehenbleiben zu zwingen: sie scheute bei einem Lastauto, das im Hof parkte, und warf mich auf die Ladefläche. Als ich aufwachte, brauste mein Vater längst mit mir ins Krankenhaus. Meine leichte Gehirnerschütterung war bei weitem nicht so schmerzhaft wie die elterliche Diskussion, die das Aufgeben der Reiterei zum Inhalt hatte.

Mein höfliches Beharren, daß ich wieder ganz gesund sei, wurde endlich erhört und bereits am darauffolgenden Wochenende konnte ich ein widerspenstiges Rennpferd mein eigen nennen. Ich verbrachte einen langen, kalten Winter und versuchte verzweifelt, dieses hypersensible Vollblut zu einem angenehmen Pferd zu erziehen. Im Frühling ließ es sich dann ohne größere Schwierigkeiten reiten, aber es kostete mich noch die Mühe eines halben Sommers, es ohne Kämpfe in einen Pferdeanhänger hineinzuzwängen.

Die Drillmeisterin Janice Sutherland weist die sattellosen Eh-Capa Reiter in Boise, Idahoe, an. Neenie schmückt Buck mit Handabdrücken und Federwerk.

6

7

Neenie, die Eh-Capa Queen, reitet mit Buck durch die Gruppe (8), und bringt dann zusammen mit der Mannschaft den indianischen Gruß dar (6 und 7).

8

9

10

11

Zusammen mit einer Freundin, die sich bei Reitclubs auskannte, bewarben wir uns um die Mitgliedschaft in einer Heeresschule, die »Eh-Capa Sattellose Reiter von Boise« hieß. Unsere Lehrzeit war ungemein abwechslungsreich. Moonlights rapider Aufstieg dauerte bis Mitte Juli; dann wurde sie wegen Teilnahme an einem Gefecht unter den Pferden aus der Truppe gefeuert, wir hielten nämlich gerade eine Parade im Zentrum von Salinas in Kalifornien ab. Glücklicherweise litten wenigstens die Pferde nicht unter dieser Ungerechtigkeit. Moonlight blieb in Kalifornien, bis sie wieder ganz gesund war; dann wurde sie zu einem Vollbluthengst gebracht. Die zweite Jahreshälfte verwendete ich bei den Vorführungen geborgter Pferde, was neuerlich meine Reitkenntnisse und Hingabe zu den Pferden vertiefte.

Die Mitgliedschaft bei »Chickasaw Choctaw 4-H« zu Beginn des nächsten Jahres brachte neue Dimensionen in mein Reiterdasein. So lernte ich allerhand über Pferdepflege, Striegeln, die Grundbegriffe des Showgeschäftes und des wettkampfmäßigen Reitens. Mein erstes »ribbon« (ein Band, das den Sieg in einer bestimmten Reitklasse darstellt) – einen vierten Platz – gewann ich mit Moonlight, die tatsächlich einen Wettkampfgeist entwickelt hatte. Aber sobald Moonlight abgezogen war, brauchte ich für das folgende Jahr in Eh-Capa ein neues Pferd. Auf dem Programm standen ein 4-H Wettbewerb auf einer Messe und ein Bewerb um den Titel der Prin-

13

14

Ohne Sattel und Zaumzeug setzt Neenie mit Buck über ein Sprunghindernis, das die Eh-Capa Reiter berühmt gemacht hat (9 – 12).

Die Mannschaft (13) führt einen Sprung durch, der in Abbildung 14 von Neenie und Janice in entgegengesetzter Richtung ausgeführt wird.

12

15

16

zessin von Eh-Capa Junior. Genau zu dem Zeitpunkt, als ich mich entschlossen hatte, nicht an diesem Ereignis teilzunehmen, stellte mir die Königin des 4-H Clubs, Jackie Collins, ein graues Pferd vor, das sie selbst in den vergangenen Jahren in Eh-Capa und beim 4-H geritten hatte. Sie selbst und ihre Mutter hatten es trainiert und suchten nach einem neuen Besitzer, das seine Fähigkeiten zu würdigen wußte und ihm ein gutes Zuhause bieten konnte. Jackie hatte mich ausersehen Bucks neue Besitzerin zu sein.

Dad zögerte anfänglich, weil wir schon damals beim Kauf von Moonlight keine gute Hand bewiesen hatten. Buck wurde auf das Messegelände mitgebracht, wo Jackie mir sein ganzes Können vorführte und zeigte, wie er zu führen war. So gelang es uns, meine Leute zu überzeugen, daß dieses *das* ideale Pferd war und daß es für die sportlichen Ereignisse des kommenden Herbstes zu verwenden sei. Auf den folgenden Seiten ist Buck in seinen vielen Rollen abgebildet. Er ist ein Teil meinerselbst, mein Gewinner, der Babysitter meiner Neffen, sorgt für milde Ausritte für den unerfahrenen, ängstlichen Reiter und für ausgesprochen feurige, wilde Ausritte für die Mutigen.

Mit Buck gab es von Anfang an bei den 4-H Bewerben »ribbons« und alle Ehren; schon nach wenigen Wochen unserer Bekanntschaft verhalf er mir, beim Queen-Wettbewerb zu einem zweiten Platz in der Eh-Capa-Junior-Princess-Mannschaft.

Je besser ich lernte, von Buck mehr und mehr abzuverlangen, desto mehr häuften sich unsere Siege. In der nächsten Saison waren wir bereits unter den Springern zusammen mit den erfahrenen Eh-Capa-Mitgliedern. Wir kamen sogar zu den wenigen Auserwählten,

Neenie und Buck wiederholen denselben Sprung in den Wäldern von Idahoe (15 und 16).

17

die in der Liberty-Austragung dabei waren; da werden die Pferde nur mit einem schmalen Band um den Hals gezügelt. Diese Vorführung kommt nach der Hauptvorstellung. Die Liberty-Pferde betreten die Arena, wo das letzte Kontrollzeichen, das Halsband, entfernt wird; alle Manöver werden im Gleichtakt ausgeführt; die Kontrolle erfolgt nur per Beinkommando und Stimme.

Auf der nächsten Messe machte mich Buck zum Großen Champion der Showleute; in den folgenden Jahren schritten wir auch in Eh-Capa weiter voran, bis ich 1979 Queen und Buck Solo-Hochsprungpferd waren.

Es hat dann auch Kummer mit Buck gegeben. Er leidet an syndromartigen, bösartigen Tumoren der grauen Pferde. 1977 wurde zum ersten Mal ein etwa enteneigroßes Geschwür aus der Scheidengegend entfernt. Seither sind etliche kleine, weiche Gewebe und oberflächliche Verwachsungen entfernt worden. Er wird zwar immer wieder gesund und posiert wie auch in diesem Buch für Photographen – zum letzten Mal war das knapp ein Monat nach der Entfernung des letzten Tumors.

Die weitverbreitete Eh-Capa-Gesellschaft mit ihren professionellen Rodeos und gelegentlichen Teilnahmen an Little Britches und 4-H Rennen führte natürlich auch die High-School Rodeos an. Meine Eltern haben immer alles im Zusammenhang mit Pferden unterstützt, wenn ich mich dazu imstande fühlte. Sie bezahlten alle Rechnungen und förderten mich lebhaft, ohne mich jedoch zu bedrängen. Als ich das High-School Rodeo zu Hause erwähnte, überließen sie mir die Entscheidung. Ich war im ersten Jahr, wo es altersmäßig möglich war, dabei, beschränkte mich aber auf Faßrennen, Sackstechen und Ziegenfang. Für eine staatliche Teilnahme habe ich mich nie qualifiziert, aber ich beobachtete gut den Queen-Wettbewerb und hatte somit eine Vorstellung, wie es in dieser Gegend gehandhabt würde.

Der dringende Wunsch, Queen zu werden, hat mich seit meiner Drittplazierung auf Anhieb im Eh-Capa-Junior-Princess-Turnier nicht mehr losgelassen. Irgendwann einmal war es mir bestimmt, Eh-Capa-Queen zu werden. Durch Gespräche mit ehemaligen Königinnen wurde mir allmählich klar, daß es zum Erlangen des Queentitels wesentlich mehr erforderte, als bloß reiten zu können. Mein nächster Versuch machte mich zum Anwärter auf den Titel der Junior-Princess, aber noch war ich längst nicht gut genug dafür vorbereitet. Glücklicherweise sammelte jedoch meine Familie wichtiges Informationsmaterial, das mir bei der Vorbereitung auf den Queen-Wettbewerb nützlich sein konnte.

Alle von uns hatten sich mit der Tatsache zufrieden gegeben, daß man nicht als Rodeo-Queen geboren wird, sondern sich dazu nur entwickeln kann. Meinen Erfolg schreibe ich heute dem weitblikkenden Planen und der harten Arbeit an mir selbst zu. Wie alles Übrige in unserer Gesellschaft sind die Rodeo-Queen-Wettbewerbe immer härter und schwieriger geworden. Es war die Zeit gekommen, wo ich ernsthaft überlegen mußte. Mein Reitstil war immer besser geworden und ich besaß ein Quarter-Pferd, das ein erprobtes und zügelbares Pferd war und das auch schon den Beweis erbracht hatte, einer Queen würdig zu sein, denn wir hatten es einmal einem Freund geliehen, der daraufhin mit ihm einen Queen-Bewerb gewonnen hatte. Mit Buck für Eh-Capa und einem anderen Pferd für das Rodeo-Queening mußte ich nur mehr weiterhin an mir selbst arbeiten und meine Reitkenntnisse verbessern und vertiefen. Was wirklich eine Verbesserung nötig hatte, war ein vierzehnjähriges Mädchen. Über das Hauptziel bestanden keinerlei Zweifel. Es war Eh-Capa.

Christine Doherty, die Miss Rodeo von Idahoe 1975, leitete ein Queen-Schulungszentrum der örtlichen Region des High-School Rodeo; sie riet meiner Mutter und mir noch zu warten. Dies öffnete uns die Augen für die unzähligen Techniken und Kniffe, die man bei diesen Spielen kennen sollte. In dieser Schule arbeitete ich wirklich schwer, und ich erinnere mich an das ungute Gefühl im Magen, wenn ich vorreiten oder theoretische Prüfungen ablegen mußte.

Mit neu erworbenem Vertrauen und viel Glück war dann im folgenden Herbst der Titel der Junior-Princess mein. Prinzessin des 4-H Clubs wurde ich eine Woche später. Endlich warf die lange Trainingsarbeit Früchte ab.

Ich war immer noch zierlich, aber in der Zwischenzeit dennoch ein Stück gewachsen, so daß meine Mutter Stück für Stück Kleider von ehemaligen Queens kaufte und für mich abänderte, damit ich sie, wenn die Zeit gekommen sein würde, bei den Rodeos tragen konnte. Im Frühjahr besuchte ich noch einen zweiten Spezialkurs; danach ging ich im gleichen Herbst in Eh-Chapa als Queen hervor.

Eh-Capa Queens nehmen traditionellerweise an zumindest einem Rodeo teil. So wurden der nächste Herbst und Winter für mich eher arbeitsreich. Ich besuchte einen Perfektionskurs und lernte, mein Make-up, meine Frisur und meine allgemeinen Kenntnisse zu verbessern, nahm zwei Semester Sprachunterricht und arbeitete an meinem Eh-Capa-Kostüm. Die Anproben schienen mir endlos zu

18

Neenie in einem ihrer Rodeo-Kostüme (17). (18 und 19) Sie und Buck beim Faßrennen, einem Rodeoereignis, wobei die Teilnehmer rund um die Fässer reiten, die in einem kleeblattartigem Muster angeordnet sind; jeder Reiter trachtet danach, die kürzeste Zeit zu brauchen.

19

22

21

20

sein. Die Queen-Kleider wurden im Juli vorher maßgeschneidert für das lokale Sommer-Rodeo. Außerdem mußte man die Rodeorollen lernen; als Neuerung kam das Einstudieren von Rollen wichtiger Persönlichkeiten der Gegenwart und der Vergangenheit; das sollte zu einem besseren Verständnis der Gegebenheiten des täglichen Lebens helfen. Außerdem besuchte ich im Frühjahr wieder das örtliche Schulungszentrum für Queen-Bewerberinnen.

Die Entscheidung, in der Saison 1979/80 am District II – Queen-Bewerb teilzunehmen, versetzte die ganze Familie in Aufruhr, obwohl noch bis dahin zwei Monate Zeit bleib. Dad begann den Allgemeinzustand der Pferde zu verbessern; Mom, die Garderobedirectrice, war halbe Nächte auf, um zusammen mit zwei guten Freundinnen die lästige Arbeit zu übernehmen, alte Kostüme zu rekonstruieren und diese auf einen hautengen Schnitt zu übertragen. Es mußten dazu passende Stiefel gefärbt und Gürtel angefertigt werden. Tücher, Hüte, Handschuhe und allerhand Accessoires wurden ausprobiert, verglichen und jedem Kostüm angepaßt, bevor es einer neuerlichen strengen Kontrolle unterzogen wurde. Satteltaschen wurden mit der Hand genäht, aus Teppichmaterial gefertigt und in Leder gebunden, um zu jedem der Kostüme zu passen.

Ich war eifrig mit der Vorbereitung einer Zweiminutenrede beschäftigt, arbeitete als Modell, als Reiter und lernte, lernte.... Ich mußte, angefangen vom ganzen Schulstoff bis zu den jüngsten Neuigkeiten im Rahmen des Rodeo alles wissen, bis ins feinste Detail. Mutti war meine Lehrerin, Dad korrigierte meine Haltung und jede minimalste Bewegung von Kopf, Augen und Händen. Ich wiederholte immer wieder meine Rede. Wir nahmen sie auf Band auf und hörten sie dann ab, um selbst die geringsten Fehler erkennen zu können, die dann in einem Verstärkersystem störend auffallen würden.

Die Arbeit war wirklich hart und es kamen immer neue Verantwortungen hinzu. Als Präsidentin der Junior-Quarter-Horse-Gesellschaft von Idahoe mußte ich im Januar an einer organisierten Versteigerung von Hengsten mithelfen, die der Idahoe-Mannschaft Geld für die Meisterschaften einbringen sollte. Im Juni gab es eine Quarter-Horse-Show zu meistern. Ich sollte, sooft ich irgend konnte, auch in so vielen Jugendshows als möglich auftreten und mußte die Korrespondenz und all den anderen Bürokram der Gesellschaft

Wettbewerb, eine Ziege in der kürzesten Zeit zu fangen und zu fesseln (20–24)

23

erledigen. Als Präsidentin des 4-H Clubs hatte ich praktisch die gleichen Aufgaben, nur vielleicht auf etwas niedrigerem Niveau.

Eine Eh-Capa-Queen muß wiederholt mit der Truppe üben, um sich selbst in der Führungsrolle sicher zu fühlen und um Verfeinerungen neu einstudierter Darbietungen vorzunehmen. Jenice Sutherland, die Trainerin, war eine meiner besten Lehrmeisterinnen, die ich in all den Jahren hatte, und sie half mir ungemein, die Pflichten und Aufgaben einer Queen von der Pieke auf zu lernen. Sie ermöglichte mir trotz des übervollen Stundenplans, am High-School Rodeo nur geringe Zeiteinbußen in meinen Pflichten von Eh-Capa zu haben.

Je schneller die Zeit verlief, desto hysterischer wurden wir; obwohl die Diskrepanz unseres aktuellen Könnens und dem zu erreichen Erhofften sicherlich in keinem Verhältnis zu unserer Mühe stand. Endlich konnten wir kein Übriges mehr dazu tun – und es waren auch tatsächlich mehr als drei Jahre zur Vorbereitung dieses Tests vergegangen. Wieder mußten Reden und Ansagen vorbereitet werden und wir setzten uns den gleichen strengen Kontrollen aus, denn die Staatlichen Queen-Meisterschaften sollten in sechs Wochen stattfinden.

Nachdem ich den Staatsmeistertitel gewonnen hatte, verblieben nur mehr drei Wochen bis zum nationalen Finale. Ein größeres Problem ergab sich, als ich ein Cutting-Pferd für die Finale in Fargo, Nord Dakota, benötigte. Endlich ließ mich Max Roberts aus Mountain Home, Idahoe, das Cutting-Pferd, das sein eigener Enkel beim Cutting der Knaben ritt, für die Finalmeisterschaft in Fargo in Nord Dakota verwenden.

Nachdem dies geregelt war, konzentrierte ich mich auf aktuellere Dinge; meine Mutter arbeitete beispielsweise stundenlang am Abändern von Kleidern und Dad fütterte und versorgte die Pferde und bereitete sie und alles für die Fahrt nach Dakota vor. Bald waren wir dann im Finale und es begann ein zehn Tage dauernder Wettbewerb.

Der Tag des Finales kam und alle Queen-Bewerber legten ihren Eröffnungsgalopp ab und stellten sich in der Mitte auf. Die Bedingungen in der Beurteilung für Reitstil, Einfühlungsvermögen und für die Queen-Anwärter wurden verkündet. Mein Name wurde in der anschließenden Verlesung nicht genannt. Zum Schluß sagte der Sprecher: »Und jetzt kommt unsere neue Nationale Queen aus dem Hochgebirgsland Idahoe, Miss High-School Rodeo Neenie Blake.«

Bis jetzt ist meine Regentschaft immer eine erfreuliche Erfahrung gewesen. Danach habe ich aufgrund meiner Jugend und den geltenden Altersbestimmungen im professionellen Rodeo-Queening noch zwei oder drei Jahre Zeit, mich auf wettkampfmäßiges Reiten zu

24

25

konzentrieren und mich weiterhin für künftige Queen-Wettbewerbe zu verbessern. Vielleicht kann ich eines Tages Idahoe als Amerikanische Miss Rodeo präsentieren.

Freilich hat es außer Buck noch andere Pferde in meinem Leben gegeben. Repent, eine fuchsene, kurzbeinige Kreuzung von einem Quarter-Pferd glänzte beim zügellosen Reiten, beim Rindertreiben und im Reaktionsvermögen beim Queening Rodeo. Sandy, ein Palomino Quarter-Pferd mit einem Gewicht von fast 1500 Pfund, erwies sich als ausdauernd sowohl im englischen als auch im Western Stil und gewann gleich im ersten Jahr den Allroundlertitel der Junioren bis dreizehn Jahren. Mein zu einer Queen heranwachsendes Quarter-Pferd namens Deebars Shady Lady ging nach diesen Aufnahmen von Buck aufgrund einer Intrige verloren.

Leider gab es noch weitere schmerzliche Augenblicke im Zusammenhang mit Pferden; damals zum Beispiel, als ich zum ersten Mal erfuhr, daß Bucks Tumore bösartig seien; er gilt als Familienmitglied und wird bis zu seinem Tod bei uns bleiben. Dann gab es auch große Sorgen um den Verlust von Moonlight, als sie wegen eines gebrochenen Beines eingeschläfert werden mußte. Solche großen Ereignisse erzeugen so ähnliche Gefühle wie bei Verletzungen eines Pferdes – ich litt mit ihm – und empfand danach auch die Heilung

Beim Slalom, einer anderen Rodeodisziplin (25 – 30), muß sich Neenie durch eine aus Stangen gesteckte Linie durchwinden, ohne auch nur eine einzige umzuwerfen; und alles so schnell sie kann.

29

28

27

26

30

31

32

33

mit ihm. Mir fällt es ganz besonders schwer, einem Pferd Spritzen zu geben, und ich versuche, dies Dad zu überlassen, denn man kann damit wirklich weh tun, wenn es unsachgemäß gemacht wird. Obwohl ich weiß, daß eine Behandlung gelegentlich notwendig ist, ziehe ich es generell vor, einem Pferd nicht weh zu tun.

Obwohl ich schon ein Jahr lang die höchsten Auszeichnungen besitze, scheint mir alles noch ein wenig unwirklich. Ich nehme nach wie vor an kleineren Austragungen teil und habe erst kürzlich das Bezirks-Cutting der Mädchen mit Coke, einem anderen Pferd aus dem Besitz von Max Roberts, gewonnen. Ich habe die Absicht es bis zum Rodeo-Finale in Yakima im Staat Washington zu bringen.

Neenie mit einigen ihrer Bänder und Trophäen (31). (32) Die diamantbesetzte Krone des Nationalen High School Rodeo. (33) Neenie mit ihrem Vater und ihrer Mutter.

Ich bin öfters gebeten worden, kleine Mädchen auszubilden und Pferde zu trainieren, aber im Moment habe ich dafür keine Zeit – vielleicht später einmal. Dieses Jahr kümmerte ich mich mehr oder weniger allein um die regionale Queen-Ausbildungsstätte – ich hatte nur meine Mutter zu Hilfe. Der Werdegang von einem unter vielen zum anerkannten Führer war eine erfreuliche und irgendwie herausfordernde Erfahrung. Seit mich die jungen Queenanwärterinnen um Rat fragen, komme ich erst darauf, was eigentlich alles zusammenspielen mußte und dazugehört hatte, um das zu werden, was ich heute bin.

Aber wie fast alle Liebesgeschichten hat auch die meine mit einer zufälligen Begegnung begonnen. Diese Liebe ist mit jedem Pferd, das mir begegnete, gewachsen, obwohl Buck immer noch meine größte Zuneigung gehört, weil er mich die ersten Jahre hindurch begleitet hatte. Ich glaube, daß diese Zeilen der beste Liebesbeweis für alle meine Pferde ist.

34

MERCEDES GONZÁLEZ
Spanien

Das erste Mal, daß ich jemals ein Pferd an der Longe sah, war vor einigen Jahren in Jerez de la Frontera, als die Spanische Hofreitschule aus Wien in Spanien gastierte. Dieser weiße Hengst schien mir ein wunderbares, automatisches Spielzeug aus Porzellan. Noch eindrucksvoller waren die Bewegungen des Reiters, der abgestiegen war und hinter dem Tier ging, seine Brust nur einige Zentimeter vom Schweif des Tieres entfernt, seine Füße in vollkommener Übereinstimmung mit dessen Hufen, Schritt für Schritt sich anpassend und später dann, als er die spektakulären Kapriolen und Courbetten des Hengstes mit geschicktem Griff an der Longe unter Kontrolle hielt.

Etwas später, während ich einer ähnlichen Vorführung der Andalusischen Schule der Reitkunst von Alvaro Domecq beiwohnte, war ich erstaunt, unter den Reitern ein Mädchen zu sehen. Reiten ist in Südspanien eine reine Männerangelegenheit. Später dann, als das große, dunkle, zarte Mädchen abstieg, um mit einem Hengst an der Longe zu arbeiten, war es verständlich, warum nicht einmal die stärkste Voreingenommenheit ihre Vorführung verhindern konnte. Als Spanien an die Reihe kam, um durch eine junge Frau in diesem Buch vertreten zu werden, war Mercedes González die offensichtliche Wahl.

Im Spätherbst des Jahres 1979 besuchte ich Mercedes im Haus ihres Vaters in Alcocer, einem Dorf in der Nähe von Madrid, um Bilder zu machen, während sie ihre portugiesischen und spanischen Hengste trainierte. Dort, und später in Jerez de la Frontera, war ich von einem Moment zum anderen mehr und mehr von ihrem Talent als Reiterin, sowohl im Sattel als auch bei der Arbeit mit der Longe, beeindruckt.

»Sie können sehen«, sagte sie einmal zu mir, »daß, wenn ich brutale Gewalt anwendete, um die Pferde abzurichten, ich sie niemals kontrollieren könnte. Aber es sind nicht Muskeln, die gebraucht werden – Kopf und Herz sind die am meisten benötigten.«

Inzwischen wurde Mercedes González an der Spanischen Hofreitschule in Wien als Schülerin zugelassen – eine der größten Auszeichnungen für einen Reiter, ob Mann oder Frau.

(1) Mercedes Gonzáles von der Andalusischen Schule für Reiterkunst mit einem spanischen Hengst.

2

3

Es ist nicht leicht zu erklären, warum ich mich in die Pferde verliebte und wie diese zum Mittelpunkt in meinem Leben wurden; es steht fest, daß niemand außer mir in meiner Familie ein passionierter Reiter ist.

Ich bin vor 26 Jahren in Madrid geboren worden, und als wir klein waren, schickten meine Eltern meine Brüder, meine Schwester und mich zum Reitunterricht. Aber erst als ich sieben Jahre alt war und in ein Internat nach England kam, begann ich, mich richtig für das Reiten zu interessieren. Ich habe wunderbare Erinnerungen an das Reiten von englischen Ponies. Ich brauchte einige Zeit, um meine Angst zu überwinden, besonders, wenn das Pony eine Bewegung machte, die ich nicht kontrollieren konnte. Aber mit der Zeit verschwand meine Angst, und ich begann mich sicherer zu fühlen und viel Freude am Reiten zu haben.

(2) Mercedes ruft den andalusischen Hengst Senador zu sich (3). Senador wird zu einem Feld geführt (4). Mercedes hält Senador (5 – 16) an der Longe; seine anfänglichen fröhlichen und ausgelassenen Sprünge wichen bald einer kontrollierten Bewegungsdisziplin.

4

5

6

7

8

9

10

11

12

13

14

15

16

Im Alter von vierzehn Jahren kam ich in die Schule in Madrid, und mein Vater nahm meinen Reitunterricht in die Hand. Er brachte mich in den Country Club zu Reitstunden, in dem eine große Anzahl von Buben und Mädchen meines Alters ritten, und wie ich, hofften, eines Tages ihr eigenes Pferd zu haben. Als er sah, wie sehr ich am Reiten interessiert war und wie glücklich es mich machte, begann mein Vater über den Kauf eines Pferdes für mich nachzudenken.

Durch Zufall sah er eine Anzeige in der Zeitung für »gut abgerichtete Pferde«. Dies machte ihn sofort neugierig – in Spanien werden Pferde niemals mit Hilfe von Zeitungsannoncen verkauft. So lernten wir José Antonio García Gans kennen. Gans nahm meinen Vater und mich mit zu einer Militärkaserne, wo er, obwohl er Zivilist war, seine Pferde untergebracht hatte. Er war ein sehr freundlicher, offenherziger Mann und sehr wichtig für mich. Als er sah, wie sehr ich Pferde liebte, half er mir vom ersten Tag an.

Später machte mich Gans mit dem Dressurreiten bekannt. Er half mir und lehrte mich so viele Dinge, daß ich bald erkannte, daß Dressurreiten eine viel interessantere Form des Reitens war und ich gab das Springen ganz auf, um mich vollkommen dieser neuen Art der Reitdisziplin zu widmen. Gans borgte mir auch Pferde, damit ich an Wettkämpfen teilnehmen konnte, und bald danach nahm ich auch Dressurreitstunden bei Mary Allen, einer Engländerin, die auch meinem Vater und Bruder Unterricht gab. Mit ihrer Hilfe verbesserte ich mich immer mehr und konnte an schwierigeren Wettkämpfen teilnehmen.

Als Mary nach England zurückkehren mußte, fühlte ich mich ohne Lehrerin verloren, aber glücklicherweise hatte ich dank ihrer Unterrichtsstunden gelernt, welche Art von Arbeit mein Pferd brauchte. Es war zu diesem Zeitpunkt, daß mein Vater, nachdem er sah, daß ich nicht gut genug ausgebildet war und wir keinen Lehrer in Madrid finden konnten, beschloß mich und meine Stute im April 1974 nach Jerez de la Frontera zu schicken, wo eine vollkommen neue Phase in meinem Reiterleben begann.

Als ich in Jerez ankam, nahm mich meine Tante Maria Dacia in ihrem Haus auf und, obwohl sie selbst acht Kinder hatte, behandelte sie mich wie eine Tochter. Meine Stute war im Polo-Club untergebracht, wo nur ein Reiter Dressurreiten ausübte.

18

Mercedes reitet Schritt (17), und galoppiert (18) mit ihren lusitanischem Hengst Leiria durch die Felder in der Nähe ihres Hauses.

19

23

21

20

22

Auf Anraten meines Vaters besuchte ich einige Tage nach meiner Ankunft Alvarito Domecq. Alvarito ist nicht nur Stierkämpfer zu Pferd, sondern züchtet auch Pferde und Kampfstiere; auch hatte er nach dem Gewinn des Goldenen-Pferd-Preises des Spanischen Ministeriums für Information und Tourismus zusammen mit einigen Freunden eine Pferde-Show gegründet. Er betrieb diese Show mit dem Gedanken, eine Reitschule wie jene in Wien zu gründen, nur mit andalusischen Pferden. Die Show existierte erst seit weniger als einem Jahr und war bereits bestens bekannt und geschätzt. Alvarito, der viel Geld investiert hatte, hatte ein Gebäude gemietet, um darin Vorstellungen zu geben.

Der spanische Schritt, von Leiria vorgeführt (20 – 23).

Die Show bestand aus verschiedenen andalusischen Western-Reitstilen, Dressurreiten, Arbeit mit der Longe und Springen. Zu dieser Zeit war Dressurreiten in Andalusien noch wenig bekannt, wurde aber dank der Schule immer populärer.

Eines morgens kam ich in die Schule und, obwohl eine Menge Leute anwesend waren, erkannte ich sofort wer Alvarito war, und stellte mich vor. Nachdem ich dem Training einige Zeit zugesehen hatte, ging ich wieder weg. Einige Tage später kam ich zurück und ritt Gazhi. Diesmal bat mich Alvarito, in die Arena zu kommen und beobachtete mich, wie ich mit der Stute arbeitete. Danach lud er mich zum Mittagessen ein, um andere Reiter kennenzulernen, unter denen auch ein Stierkämpfer, Manuel Vidrie, und ein Pferde- und Stierzüchter, Javier García Romero, waren. Nach dem Essen, bei dem Alvarito sich ein wenig über meine Reiterfahrung erkundigt hatte, fragte er mich, ob ich bereit wäre in die Schule zu kommen um Reitstunden zu geben. Ich war sehr erstaunt. Ich dachte, ich hätte ihn mißverstanden und ersuchte ihn, die Frage zu wiederholen. Was er tat. Nachdem ich eine Weile überlegt hatte, erklärte ich, daß ich mich noch nicht für ausgebildet genug betrachtete und lehnte sein Angebot ab.

Ungefähr einen Monat später kam mein Vater nach Jerez und sagte mir, in Anwesenheit von Alvarito, daß ich in der Schule anfangen sollte. Ich fand mich daher am nächsten Tag auf Wunsch meines Vaters in der Schule ein und begann mit dem Unterricht. So wurde ich ein Mitglied der Reitschule. In den ersten paar Monaten lehrte ich nur Anfänger, aber mein Pferd war in der Schule untergebracht, was die Situation für mich leichter machte.

Nach einigen Monaten Unterricht begleitete ich Alvarito in das Haus seines Vaters, um ein geflecktes, andalusisches, undressiertes Pferd, das er gezüchtet hatte, zu besichtigen. Das erste Mal sah ich es in seiner Box und es schien trotz des langen, dichten Schweifs und einer Mähne, die fast bis zu den Knien reichte (was sehr typisch für andalusische Pferde ist) groß und unförmig. Sobald es jedoch in der Arena war, veränderte es sich vollkommen; die Bewegungen waren unglaublich harmonisch für ein Pferd dieses Alters und, nachdem es

24

25

26

27

herumgaloppiert war, fiel es in einen unglaublichen spektakulären schnellen Trab. Ich war erstaunt, da dies bei spanischen Pferden selten ist, und es war faszinierend anzusehen. Alvarito bot mir an, dieses Pferd zu trainieren und ich zögerte, trotz seines Aussehens und seines unglückseligen Namens »Odioso«, was gehässig heißt, nicht einen Moment. Ich fand bald heraus, daß sein freundlicher Charakter, seine Bereitschaft zur Arbeit und seine guten Manieren grenzenlos waren. Einige Tage später wurde es in die Schule gebracht und ich entdeckte, daß ich das Pferd bekommen hatte, weil niemand anderer es wollte. Aber meine Erwartungen wurden niemals enttäuscht.

Einige Zeit später beschloß Alvarito, daß ich an der Show teilnehen sollte, die nach England ging. Er kaufte zu diesem Zweck für meinen Auftritt in der Show ein »bay horse«, dessen Name eigenartigerweise Gazhy war. Er entwarf auch eine neue Nummer für mich, damit der Rest der Show nicht geändert werden mußte, und so entdeckte ich den Pas de Quattre oder das Schulereiten.

Nach einigen Monaten Training hatte ich mein Debut im Wembley Stadion in London, wo die Schule einige Vorführungen gab, um dann weiter nach Paris zu reisen, wo weitere Vorstellungen gegeben wurden. Trotz der Verantwortung in dieser Art von Vorführung vor dem Publikum fühlte ich mich meiner selbst immer sicher und verlor nie meine Ruhe oder wurde nervös vor einem Auftritt – vielleicht weil ich an so vielen Reitwettbewerben teilgenommen hatte.

Aus London zurückgekehrt begann die Arbeit wieder jeden Morgen. Ein portugiesischer Reiter, Francisco Cancella, hatte sich der Schule angeschlossen und wurde eine große Hilfe für uns alle. Durch ihn wurde mir klar, wozu ich in meiner Arbeit imstande und wie sehr ich den Pferden ergeben war.

In diesem Frühling nahm Alvarito Gazhy zu sich nach Hause, um ihn für den Stierkampf abzurichten. Das letzte Mal, daß ich ihn vorführte, war bei der Jerez Pferde Messe, die jedes Jahr Anfang Mai stattfindet. Diesmal kam auch die spanische Hofreitschule aus Wien, um einige Vorstellungen zu geben, und beide Schulen machten eine Show zusammen. Danach wurde Gazhy für den Stierkampf verwendet und nahm nicht mehr an der Show teil.

Inzwischen war meine eigene Stute, Gazhi, zur Züchtung aufs Land geschickt worden. Es schien zweifelhaft, ob ich mit nur einem Pferd weiter in der Schule bleiben konnte, und ich versuchte Alvarito zu überzeugen mir Odioso zu verkaufen, aber er wollte nicht.

Nachdem ich 6 Monate lang nicht an der Show teilgenommen hatte, beschloß Alvarito, daß ich wieder zurückkommen sollte; er hatte einen Vertrag für Holland und Belgien bekommen. Die Suche nach einem Pferd als Ersatz für Gazhy begann und bald darauf besichtigte ich mit Francisco einen portugiesischen Hengst. Wir informierten Alvarito über ihn, da wir dachten, daß er geeignet wäre. Obwohl er erst fünf Jahre alt war, konnte er bereits die Piaffé und die Passage, die er beide mit äußerster Leichtigkeit und Grazie vollführte. Er hatte auch einen besonders eindrucksvollen schnellen Trab. Alvarito nahm Kontakt mit dem Besitzer auf, mit der Absicht das Pferd zu kaufen, was er jedoch niemals tat.

Nachdem ich kein eigenes Pferd zum Reiten hatte, dachte ich, daß es eine gute Idee wäre, das portugiesische Pferd selbst zu kau-

Leirias schneller Trab; die Piaffé und die Passage.

2

29

30

31

32

fen. Da ich sehr daran interessiert war, kam Benito Fábrega, mit dem ich heute verheiratet bin, mit mir, um es zu besichtigen, und schließlich kaufte er es und gab es mir zum Geschenk. Leiria kam im Februar in die Schule und sah sehr verändert aus. Es hatte während der Reise viel an Gewicht verloren und brauchte lange Zeit, um wieder zuzunehmen, da es wirklich schwer bei den Vorbereitungsarbeiten der Schule für die Show im Ausland arbeiten mußte. Beim Eintritt von Leiria in die Schule wurde ich gebeten, die Choreographie für eine neue Nummer für den Pas de Quattre zu machen und ich entwarf auch etwas Neues für den Karusell-Galopp, obwohl diese letzte Nummer nur den Männern vorbehalten war.

Nachdem wir nur etwas länger als einen Monat geprobt hatten, reisten wir nach Holland und Belgien ab. Wir nahmen an Pferdewettbewerben in Herzogenbusch teil und gaben Vorstellungen in Brüssel. Die Schule hatte großen Erfolg, aber für die Pferde war die lange Reise in Lastkraftwagen sehr beschwerlich und der Klimawechsel war eine Katastrophe. Leiria hatte während der ganzen Reise Probleme mit der Gesundheit; bei den letzten Vorstellungen mußte ich sein Auftreten verweigern. Nach dieser Reise bleib die Schule in Spanien und begann, Shows im ganzen Land zu machen. Diese wurden technisch von Mal zu Mal besser und die nervlichen Spannungen zwischen den Reitern begannen zu verschwinden.

Nachdem ich zwei Jahre ohne Urlaub in der Schule gearbeitet hatte, teilte ich Alvarito mit, daß ich im kommenden Sommer meine Familie in Alcocer besuchen und Leiria mitnehmen wolle. Von da an ging ich jeden Sommer für einen Monat nach Hause und nahm Leiria und jene Pferde, die mir zu dieser Zeit zugeteilt waren, mit

Zusammen mit anderen Mitgliedrn der Andalusischen Schule für Reitkunst wartet Mercedes auf den Beginn einer Vorführung (31 und 32). Die Reitschule führt in Jerez de la Frontera auf, wo sie von Alvaro Domecq Romero gegründet wurde (33 – 35).

33

34

35

mir mit und konnte auf diese Art Urlaub machen, ohne das Training meiner Pferde unterbrechen zu müssen.

Jeden Juli kam eine neue Gruppe noch nicht eingerittener Pferde in die Schule, um abgerichtet zu werden. Alvarito teilte jedem Reiter ein Pferd zu. Fünf Monate, nachdem mir Odioso zugeteilt worden war, bekam ich einen spanischen Neuling. Hin und wieder ritt ich auch andere Pferde für kurze Zeit, bevor sie anderen Reitern zugeteilt wurden. Die große Anzahl von Pferden, die ich sowohl in der Schule als auch außerhalb ritt, war eine unschätzbare Erfahrung.

Ich glaube, der Hauptgrund dafür, daß mir nicht mehr Pferde zugeteilt wurden, lag darin, daß es in Spanien sehr selten vorkommt, daß eine Frau jeden Tag reitet und noch seltener, daß sie Pferde trainiert. Man hatte daher wenig Vertrauen in meine Pferdeerfahrung. Dies war vor allem daraus ersichtlich, daß mein Gehalt in den ersten Jahren nur ein symbolisches war, niedriger als das der Anfänger. Ich wurde nie bei meinem Namen gerufen, sondern einfach nur »das Mädchen« genannt, und wann immer ich um etwas fragte, was man mir nicht geben wollte, war die Antwort, daß ich doch nur zu meinem Vergnügen hier wäre. Dies war zweifellos gut für mich, aber ich habe nie verstanden, warum man mich in eine Schule aufgenommen hatte, die fast ausschließlich den Männern reserviert war.

Isabel Karanitsch, mit der ich mich befreundet hatte, als sie auf Grund ihres Interesses für Pferde nach Jerez kam, lud mich einige Male ein, zu ihr nach Wien zu kommen. Da sie mit einigen Mitgliedern der Spanischen Hofreitschule befreundet war, war es mir möglich, diesen beim Training zuzusehen und so konnte ich auch zusammen mit einem von ihnen, Arthur Kottas, reiten. Diese Stunden und die Gespräche, die ich mit ihm führte, machten mir bewußt, wie wichtig Ästhetik war; das Reiten mit Eleganz und Mühelosigkeit, die den Eindruck vermittelten, daß Reiten etwas sehr Einfaches und Bequemes ist. Ich verbrachte viele Vormittage in der Wiener Schule und verfolgte aufmerksam die Hohe Schule und das Training mit der Longe.

Ich begann mich sehr für die Arbeit mit der Longe zu interessieren und mein erster Erfolg war die Piaffé aus der Hand mit Leiria. Es war für mich, als ob ich der Dirigent eines Orchesters wäre – wenn er den Taktstock hebt, setzt die Musik ein. Eine Bewegung

Die Passage mit den langen Zügeln, vorgeführt von Mercedes und dem spanischen Hengst Garboso (36 und 37).

39

38

43

42

41

44

45

46

der Peitsche und das Pferd beginnt zu tanzen. Später machte Leiria auch die Piaffé zwischen den Säulen und gehorchte mir, obwohl ich mich in ziemlicher Entfernung von ihm befand. Es ist ein großartiges Gefühl, ein Pferd tanzen zu sehen, vollkommen unter der eigenen Kontrolle, fast ohne etwas dabei tun zu müssen.

Ein neuer Reiter wurde Mitglied der Jerez Schule, Luis Ramos-Paul, der bereits berühmt war, da er viermal die spanische Meisterschaft im Spanischen Western-Reiten gewonnen hatte. Zu Beginn nahm er nur an den Western-Nummern teil, aber bald, da ihm Dressurreiten bereits bestens bekannt war, begann er auch in den anderen Nummern mitzuarbeiten.

Im November 1977 gastierte die Schule zum ersten Mal in Madrid und hatte großen Erfolg. Als wir nach Jerez zurückkamen, durfte ich mit der Longe arbeiten. Diese langen Zügel ermöglichen es dem Reiter, alle Schulbewegungen und Figuren auszuführen und dabei auf dem Boden zu stehen. Für diese Arbeit benötigt man ein besonderes Talent; es ist schwierig, auf eine solche Distanz eine wirklich sanfte Berührung auf das Maul des Pferdes auszuüben. Am Anfang war es mir fast unmöglich, nicht die Bewegungen des Pferdes zu stören und ich brauchte sehr lange Zeit bis ich gelernt hatte, zart genug zu sein und mich in Übereinstimmung mit dem Pferd zu bewegen.

(38 – 46) Mercedes und Garboso bei einer Pirouette, die im Cantergalopp an den langen Zügeln durchgeführt wird.

40

47

48

49

50

51

52

Mercedes arbeitet mit einem noch nicht vollständig abgerichteten Hengst für die Capriole (47 – 53).

53

54

55

Aber schließlich lernte ich, im Rhythmus zu arbeiten.

Sobald ich gelernt hatte, mit der Longe umzugehen, wurde mir ein Pferd zugeteilt, das von einem Reiter abgerichtet worden war, der inzwischen die Schule verlassen hatte. Ich sollte ihm die Kapriole beibringen. Diese Bewegung, bei der das Pferd mit seinen Hinterbeinen stark ausschlägt, während es im vollen Sprung in der Luft ist, wird als der wichtigste Sprung von allen betrachtet und wurde in früheren Zeiten im Krieg dazu verwendet, die Fußsoldaten auseinanderzutreiben. Es ist keine einfache Bewegung und wird noch schwieriger, wenn das Pferd bereits eine Abneigung gegen dieses Training hat. Bei meinen Versuchen hatte ich manchmal Zweifel, ob ich es je richtig machen würde. Ich begann mit einem Pferd, das

Es wird noch viele Trainingsstunden kosten, bevor die Capriole dieses Hengstes als perfekt zu bezeichnen ist. (54 und 55).

bereits falsch unterrichtet worden war und das nur einen unkontrollierten Sprung nach vorne machte. Normalerweise werden diese Bewegungen in der Luft mit Hilfe von zwei Reitern durchgeführt, aber niemand war bereit, unter meiner Führung zu arbeiten und so schien es ziemlich aussichtslos, daß ich es jemals schaffen würde.

(56) Mercedes richtet ein Pferd mit den langen Zügeln für die Courbette ab. Nun übt sie zu Pferde die gleiche Figur (57).

Ich investierte sehr viel Geduld und eine große Quantität von Würfelzucker. Ich paßte sehr auf, daß das Pferd mir während der Durchführung des Sprunges nicht durchging und sich genau an meine Anweisungen hielt. Sobald es die Kapriole nahe an der Wand machen konnte, begann ich, während ich in der Mitte des Vierecks stand, es von rückwärts zu dirigieren. Aber es war sehr schwierig und kreuzte immer vor mir, so daß seine Hufe mich trafen, wenn es mit seinen Hinterbeinen ausschlug. Dann begann es sich auszutoben, während es die Kapriole ausführte, und ich mußte es korrigieren, wenn es ohne Anweisungen sprang. Aber als ich es dann end-

58

Bei den Fiestas tragen die spanischen Reiterinnen Flamenco-Kleider und reiten im Damensitz (58) oder sitzen auf einem Kissen hinter dem Reiter (59).

lich unter Kontrolle hatte, empfand ich ein wunderbares Gefühl, wie es in einem so spektakulären Stil mit so wenig Aufwand meinerseits vor mir seinen Sprung ausführte.

Im Juni 1979 reisten wir nach Venezuela, wo ich die gesessene Curvette vorführte. Bei der Curvette lehnt sich das Pferd auf die Hinterflanken zurück und vollführt einige Sprünge, ohne die Vorderbeine auf den Boden zu bringen. Es ist ein sehr hübscher Sprung, aber der Reiter muß in der Lage sein, sich mit Hilfe der Beine gut im Sattel zu halten, ohne die Zügel zu verwenden, so daß er nicht zurückrutscht, wenn das Pferd springt. Ansonsten, auch wenn das Pferd nicht nach rückwärts fällt, wird der Schwerpunkt aus dem Zentrum gerückt und dadurch der Sprung des Pferdes unkontrolliert.

Wieder zurück in Jerez begann ich mit der gesessenen Kapriole. Zu Beginn schien das Pferd zu schnell und zu wild zu sein und meine Anweisungen kamen immer eine Sekunde zu spät. Ich benötigte mein ganzes Einfühlungsvermögen, um es nicht mit meinen Händen, Beinen oder der Gerte beim Sprung zu stören. Aber bald fühlte ich mich bei diesem Sprung vollkommen sicher.

Diesen Oktober zog ich mit meinem Mann nach Madrid, um dort zu wohnen, trainierte aber weiterhin in der Schule. Im November reiste ich mit der Show nach Argentinien. Bei meiner Rückkehr ließ ich Leiria in Jerez, so daß Alvarito es weiterhin verwenden konnte. Von den sieben Pferden, die ich zu dieser Zeit ritt, nahm ich drei mit nach Madrid, die noch nicht vor Publikum aufgetreten waren; einen Vierjährigen, einen Fünfjährigen und Odioso, der, obwohl er alles gelernt hatte, fast nie in einer Show aufgetreten war. Er war das einzige Pferd, das ich während meines Aufenthaltes in der Schule durchgehend hatte reiten dürfen. Nachdem er alle Bewegungen für den Grand Prix gelernt hatte, begann ich, den Spanischen Schritt, den Kanter auf dem Stand und verschiedene Pirouetten während des Galopps zu üben. Ich kann meine Freude, die ich beim Reiten sowohl im Training als auch im Freien hatte, nicht beschreiben. Er hatte ein Herz aus Gold und genug gute Eigenschaften um einen jeden Reiter zufriedenzustellen – sein Benehmen, sein gutmütiges Verhalten und seine Eleganz bestrickten jeden, der ihn ritt, und er zeigte immer Intelligenz, Finesse und Verständnis.

Viele Leute spekulieren mit dem idealen Charakter des spanischen Pferdes. Heutzutage wird mehr Wert auf gutes Aussehen und Schönheit gelegt, als auf Nützlichkeit und zu einem Großteil wurde es zu einem »drawing-room«-Pferd. Jetzt wird es meist als »carriage horse« verwendet, das trainiert wird, um kleine Schritte zu machen, seine Vorderfüße anzuheben und zu schwingen.

Seit die Schule existierte hatte sie versucht, daß spanische Pferd als Reitpferd belammt zu machen, das es ja ursprünglich war. Alle berühmten Reiter der Vergangenheit haben seine Qualitäten gepriesen, und bis ins vorige Jahrhundert war es das beliebteste Reitpferds – es war ideal sowohl für Showreiten als auch als Kriegspferd. Seine Haupteigenschaften sind Stärke, solide Beine, ein kräftiger, eleganter Nacken, breite Brust, gerundete Kruppe, eine füllige Mähne und ein fülliger Schweif. Sein Kopf sollte ausdrucksvoll und schön sein, mit geradem oder erhabenen Nasenrücken. Seine Beweglichkeit, Flexibilität und Grazie, seine Auffälligkeit, sein Geist und vor allem seine Gutmütigkeit (obwohl es nie unterwürfig ist) sind außergewöhnlich.

1980 trainierte ich weiterhin in der Schule, aber ich nahm an keiner Show teil. Schließlich brachte ich meine eigenen Pferde nach Madrid, mußte jedoch jene zurücklassen, die im Besitz der Schule waren und zu denen auch mein lieber Odioso gehörte. Ich werde niemals die Zeit vergessen, die ich in Jerez verbracht habe, da meine Reiterseele und mein Herz noch immer dort sind.

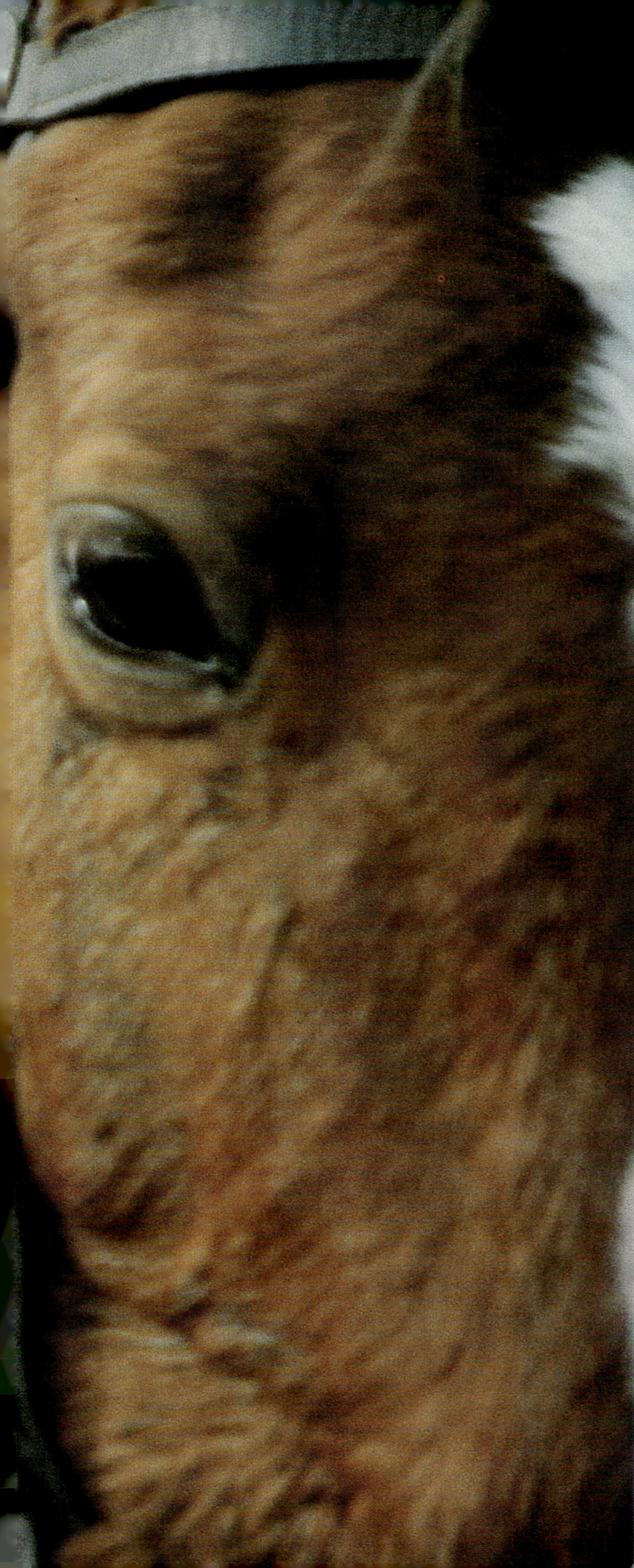

CINDY FOLKERSON USA

»Muß das weh tun,« dachte ich jedes Mal, wenn ich im Kino stürzende Pferde sah. Nie hätte ich es für möglich gehalten, daß manche Pferde es tatsächlich gerne tun – bis ich eine zwanzigjährige Stute namens Flozac und Cindy Folkerson, ein Stuntgirl aus Hollywood, traf. Flozac gehört dem Stuntman Carl Pitti; ich sah sie zum ersten Mal auf Carls Ranch bei Hemet in Kalifornien, als sie mit Cindy arbeitete. Cindies Vater war ein berühmter Stuntman und so hatte sie schon als Kind gelegentlich in Filmen mitgespielt, aber ihre Entscheidung, als Stuntwoman Karriere zu machen, ist erst kürzlich gefallen. Da Cindy keine großen Erfahrungen mit stürzenden Pferden besaß, begrüßte sie die Gelegenheit, mit Carls Stute üben zu können, sehr.

Jeff Ramsey, Cindies Mann, war zusammen mit Carl immer beim Training dabei. Einer aus dieser Mannschaft jedoch hatte die Belehrungen nicht mehr notwendig – der Stute schien das Sich-fallen-lassen ausgesprochen Spaß zu machen. Nach vier oder fünf Übungen wurde es Cindy fast unmöglich, das Pferd auf den Beinen zu halten. Sobald Cindy wieder im Sattel war, versuchte Flozac auch schon einen neuerlichen Sturz und erzeugte dabei einen wirklich komischen Anblick.

Kunstfallen erfordert wirklichen Mut – und Cindy hat ihn. Das letzte Mal sah ich sie in Hollywood in einer Inszenierung von »Charlie Chan und der Wettlauf der Drachenlady«. Das Drehbuch verlangte von Cindy, bis knapp vor die Kamera zu reiten, das Pferd aufzubäumen und dann herunterzustürzen. Der Direktor bat um Ruhe; Dutzende von Technikern arbeiteten an der Beleuchtungseinstellung, an den Kameras und Mikrophonen; als Cindy in den Sattel stieg, fragte ich sie, wie oft sie diesen Trick schon geübt hätte. Sie antwortete mir mit einem nervösen Lächeln: »Niemals!« – und stob davon.

In meiner Familie hatten Pferde schon von jeher einen festen Platz. Mein Vater Bob Folkerson besaß vor meiner Geburt eine Ranch, wo sich heute der Internationale Flughafen von Los Angeles befindet. Er züchtete Pferde und Rinder und baute Zedern an; gleichzeitig reiste er zu diversen Rodeos und arbeitete nebenbei als Stuntman. Als ich geboren wurde, bewirtschaftete er Ländereien in Torrance in Kalifornien und gehörte einem Privatclub in Rolling Hill Estates an, der sich der »Club der einsamen Sattel« nannte.

1

(1) Die Stuntwoman Cindy Folkerson aus Hollywood und ihre zwanzigjährige Stunt-Stute Flozac.

5
4
3
8
7
6
11
10
9
12
13
14

2

Mit ungefähr drei Jahren saß ich zum ersten Mal auf einem Pferd. Mein Vater und mein Bruder waren auch Lassowerfer, und Vater erlaubte mir dabei, den Rindern bis an das andere Ende des Feldes auf seinem Pferd nachzureiten. Der Hinritt ging meistens gut, aber, am Ende angelangt, blieb Flashy Bob regelmäßig stehen, und ich wußte nicht, wie ich ihn zurück zum Start bringen sollte. Ich war klein und gab ihm mit all meiner Kraft die Fersen – aber er spürte es nicht einmal. So brüllte ich nach Vater, und er kam, um mich zu retten.

Ich war ausgesprochen zartwüchsig und klein. Sowohl meine Schwester als auch ich sahen geradezu zerbrechlich aus, sobald wir irgendetwas scheinbar Gefährliches unternahmen; allerdings unternahmen wir mit Vorliebe die verrücktesten Dinge. Wir ritten verkehrt zu zweit auf Samba; das war das Pferd, das wir in unserer Kindheit hatten. So passierte auch mein erster Sturz. Patsy und ich trotteten gerade auf einem endlosen Pfad dahin, plötzlich verlor ich das Gleichgewicht und fiel herunter. Da ich aber nicht wollte, daß meine Schwester oben blieb, riß ich sie mit, bis sie auf mir zu liegen kam. Sie, nicht faul, riß ihrerseits das Pferd mit – das nun auf uns beiden zu liegen kam. Wenn ich diese Szene heute beim Kunstfallen darstellen würde, könnte ich damit eine Menge Geld verdienen. Damals war das leider eine Gratis-Show.

(2) Cindy und Flozac beginnen ihren Rennlauf. (3 – 5) Cindy lockert den linken Zügel und zieht gleichzeitig am rechten, damit die Stute zum Stürzen kommt (6).

15

16

17

18

Mein Vater trainierte seine eigenen Sturzpferde für das Filmen. Wenn ich sie gelegentlich ritt, passierte es relativ häufig, daß ich ihnen unbewußt ein mißverstandenes Kommando gab, und sie brachen plötzlich nieder. Dann schrie ich immer nach meinem Vater, der mich wieder einmal retten mußte. In der Zwischenzeit war ich elf geworden, und mein um zehn Jahre älterer Bruder gab das Lassowerfen auf und begann Sprungpferde zu trainieren. Ich bewunderte ihn zutiefst. Er bedeutete mir mehr als die ganze Welt. Also hatte auch ich dem Beispiel von Bruder und Schwester zu folgen. Er nahm an Springturnieren teil, und ich half ihm beim Striegeln. Nebenbei nahm ich an Shows für Jagdgalopp teil.

Da ich leider im Zentrum der Filmindustrie aufwuchs, hatte meine Reiterei wenig Bedeutung. Als ich achtzehn war, wollte mein Vater, daß ich mich bei der Union in die Gilde der »Filmschauspieler und Extrapersonal« einschrieb, aber ich war daran nicht interessiert. Ich betrachtete das Reiten als reine Unterhaltung. Für meine Karriere suchte ich mir etwas gewinnbringenderes. Zu dieser Zeit besuchte ich gerade ein Kunstcenter in Los Angeles und übte mich auch im Seiltanzen. An eine Arbeit als Stuntwoman habe ich nie gedacht. Mein Vater hatte mich in weiser Voraussicht gegen meinen Willen in die Union eingeschrieben. Es ist nämlich ausgesprochen schwierig, dort hineinzukommen, und andererseits bekommt man als Nichtmitglied keine Arbeit.

Flozac, der von Cindy wieder auf die Beine geholfen wird, (17, 18 und 19) kann es kaum erwarten, neuerlich zu stürzen.

19

20

21

1975 begann ich als Statistin zu arbeiten. Statisten sind Leute, die man im Fernsehen oder Kino immer im Hintergrund sieht, und die nur stumme Rollen spielen. Sie können wohl *mit* den Schauspielern spielen, aber sie sprechen nicht. Ich arbeitete zusammen mit Vater in einer Show, die »Oregon Trail« hieß. (Mein Vater lenkte dabei einen abgedeckten Planwagen.) Für diese Show arbeiteten wir ungefähr drei Wochen auf einer Ranch in Agosera in Kalifornien. Zu dieser Zeit besuchte ich immer noch die Schule. Nach den Dreharbeiten für Oregon Trail erkrankte mein Vater an Krebs. Sechs Monate später starb er. Damals trat ich aus der Schule aus und arbeitete mehr für das Fernsehen als als Statist.

Die Statistenarbeit erwies sich als gute Übung. Ich lernte unheimlich viel über die technischen Hintergründe des Filmgeschäftes und fühlte mich allmählich sicherer vor der Kamera. Zur gleichen Zeit beobachtete ich die Stuntleute und lernte Menschen kennen, die mir bei meiner zukünftigen Karriere behilflich sein konnten. Anfangs war alles eher enttäuschend. Ich war an jenem Punkt angelangt, wo ich zwar wußte, was ich wollte, aber nicht, wie ich meine Wünsche in die Praxis umsetzen konnte. Wie sehr fehlte mir mein Vater! Jetzt, da es zu spät war, hätte ich seine Hilfe und seine Führung so gut brauchen können.

Allerdings bekomme ich als Tochter von Bob Folkerson immer leicht Arbeit. Die Leute glauben, daß ich einfach geschickt sein müsse, bloß weil mein Vater es auch war. Sobald ich einmal den Job habe, liegt es nun an mir, zu beweisen, daß ich tatsächlich geschickt

Cindy ist hergerichtet, um die Schauspielerin Melissa Heyden (20) in einer Szene von »Kleines Haus in der Prärie« zu doubeln. Melissa und Cindy, die nun beide gleich angezogen sind, posieren mit dem Pferd, das für diesen Stunt verwendet wird (21).

22

24

bin und etwas kann. Nachdem ich erst einige Jobs hinter mich gebracht hatte, erreichten mich häufiger auch andere Angebote.

Einen Job zu bekommen ist aber erst der Anfang der Schlacht. Wenn ich bei den Proben ankomme, habe ich meistens noch keine Ahnung, was eigentlich genau von mir verlangt wird. Man will die Arbeit unter größtmöglicher Sicherheit erledigen, es soll aber andererseits auch ein bißchen sensationell aussehen. Oft habe ich in dem Stück »Kleines Haus in der Prärie« mitgewirkt. Ich habe mit den Leuten, die mit der Organisation der Show zu tun hatten, fast ein Jahr lang Kontakte gepflegt, nur um engagiert zu werden. Genausogut hätte ich zu einer Wand sprechen können. Zuletzt bekam ich das Engagement doch, denn sie brauchten ein Double für einen kleinen Jungen, der eine Horde Pferde antreiben und dabei sattellos reiten sollte. Alles lief glatt. Man war sogar mit meiner Leistung so zufrieden, daß ich noch für den gleichen Film Hersha Parody doubeln durfte.

Seit damals bin ich das ständige Double für Melissa Gilbert und habe auch schon Steve Tracey in einer Show gedoubelt. Leider laufen nicht alle Jobs so gut. Die Arbeit mit Pferden ist oft recht unberechenbar. Denn normalerweise hat ein Stuntman das Pferd, mit dem er arbeiten soll, noch nie zuvor gesehen – und Pferde sind wie Menschen – jedes ist anders.

In einer Szene aus »Kleines Haus in der Prärie« doubelte ich Melissa beim Buggyfahren. Das Pferd sollte dabei ausbrechen und »Half Pint« trainierte es. Es sollte sich aufbäumen und nervös hin- und herspringen und erst gegen Ende der Geschichte zahm werden. So wurde ihm beigebracht, bei straffen Zügeln und geringstem Druck am Maul sich aufzubäumen und verrückt zu spielen. Sobald man die Zügel lockerte, war es wieder ganz normal und brav.

In den Szenen, in denen es trabte oder galoppierte, benahm er sich anständig. Die für mich schwierigste Szene lief ohne Komplikationen ab. Ich mußte mit ihm wegreiten, während es sich aufbäumte und wild um sich schlug, um danach im sanften Trab zurückzukommen, umzudrehen und direkt auf die Kamera zuzugehen hatte. Am nächsten Vormittag versuchte ich die Szene, die als die leichteste der ganzen Show beschrieben war. Es war die Hölle. Ich sollte ganz einfach die Straße hinaufgehen und mich mit dem Arzt, der von Carl Pitti gedoubelt wurde, unterhalten. Dann war ich in meinem Buggy. Das Pferd ging daneben her. Der Direktor erklärte ausdrücklich sei-

23

Der ehemalige Stuntman Carl Pitti (23) gibt Cindy Anleitungen für einen Stunt, bei dem das Pferd aus dem Kutschengespann ausbrechen soll. Der Regisseur gibt den Wranglers, Technikern und Stuntleuten Anweisungen (24).

26

25

27

nen Wunsch, daß wir gehen sollten. Aber mein Pferd wollte eben nicht gehen, und als ich es zurückholen wollte, bäumte es sich auf und schlug wild um sich. Ich zerstörte so die ganze Aufnahme. Man schrie mich an, und ich war furchtbar beschämt.

Die Kamera beginnt zu laufen (2) und Cindy führt die Kutsche auf sie zu (26, 27 und 28). Diese Szene mußte nur dreimal wiederholt werden.

Das Pferd, von dem ich auf diesen Photographien stürze, gehört Carl und seiner Tochter Carla und heißt Flozac. Es ist ein außergewöhnliches Tier. Es ist zwanzig Jahre alt und Carla hat es jahrelang als Sprungpferd präsentiert. Die meisten Pferde sind für Geschäftszwecke nur in einer Disziplin ausgebildet; Flozac hingegen kann alles. Carla und ich sind mit ihr gesprungen, von ihr heruntergestürzt, haben sie transportiert und allerlei Unfug mit ihr getrieben.

29

30

Meistens ist es schwer, selbst eigens dafür trainierte Pferde zum Fallen zu bringen. Grundsätzlich bringt man ein Pferd zum Fallen, indem man es am rechten Zügel kurz nimmt und seinen Kopf herumreißt, wenn seine Vorderbeine für den nächsten Schritt ausholen. Mit den meisten Pferden kann man so etwas zweimal wiederholen. Danach haben sie normalerweise keine Lust mehr und werden versuchen, den Reiter zu hintergehen. Mit Flozac stehen die Dinge da anders. An dem Tag, als wir sie photographierten, stürzte ich mit ihr gute fünfundzwanzig Mal hintereinander, und sie hat mich kein einziges Mal davon im Stich gelassen.

Mein Mann Jeff Ramsey arbeitet ebenfalls als Stuntman. Wir hatten die Gelegenheit, in einem großen Fernseh-Monster-Film namens »Masada« zu arbeiten. Wir mußten in einer Szene auftreten, in der die Römer die Juden besiegten. Wir drehten nachts in den Hinterhöfen des Universal-Studios. Jeff war ein römischer Soldat zu Pferd und ich eine jüdische Bäuerin zu Fuß. Alle Gebäude rund um uns standen in Brand und die Statisten rannten völlig chaotisch durch die Straßen. Ich kam schreiend und weinend die Straße heruntergelaufen und hinter mir Jeffs Pferd. Es schleuderte mich gegen die Wand. Ich versuchte mich zu wehren, aber Jeff riß mich an den Haaren. Dann geloppierte er in einem Satz davon und zerrte mich durch die Straßen mit.

Im Film »Charlie Chan und der Wettlauf der Drachenlady«, hat das Pferd, das Cindy reiten wird, einen hellen Punkt auf die Stirn gemalt bekommen (29), um das Pferd zu doubeln, das später für die Schauspielerin Michelle Pfeiffer geritten wird. Michelle Pfeiffer beobachtet Cindy, während diese als ihr Double hergerichtet wird (30). Cindy und der Schauspieler Richard Hatch hören aufmerksam den Anweisungen des Regisseurs zu (31).

31

32

33

35

Das war eine schwierige Szene. Der Trick war, daß man mich in einen richtiggehenden Harnisch zwängte, den ich unter meinem Kostüm trug, an dem ein Draht befestigt war, der auch die Perücke festhielt. So konnte mir Jeff weder die Perücke noch meine eigenen Haare ausreißen.

Manche Arbeiten sehen sehr einfach aus, sind aber in Wirklichkeit überaus gefährlich. Ich doubelte die Schauspielerin Audrey Landers im Film »Underground Aces«. Wir drehten im Flughafenhotel Marriott in Los Angeles. In dieser speziellen Szene geriet das Hotel während des Hochzeitsessens von Miss Landers in Brand. Alle rannten aus dem Hotel, vor dem sich eine unterirdische Zufahrt befand. Die Rampe war steil und der Gehsteig rutschig wie Eis. Die durcheinander schreienden Gäste stürzten gleichzeitig hinauf, es

36

(32) Ein Trainer übt das Aufbäumen des Doubles. Man gibt Cindy Aufsteighilfe (33); sie selbst hört noch den letzten Anweisungen zu (34 – 35), bevor sie (36) davonreitet, um auf ihren Auftritt zu warten.

3

4

5

6

für das erste Mal. Unfälle kommen nicht an jedem Tag vor, aber an diesem machte ein Mädchen ein Manöver auf ihrem Pferd, das stolperte und beide fielen zu Boden. Alle in der Nähe Stehenden liefen hin, um ihr zu helfen, ich aber sah nur das Gesicht meiner Mutter und dachte, jetzt ist alles aus. Sobald das Training beendet war, lud mich die Lehrerin ein, zu den anderen zu kommen und stellte mich den Mädchen, die ich noch nicht kannte, vor. Alle begrüßten mich herzlich und erklärten mir, wie man die Zügel halten und wie man in

Maria Elena wartet zusammen mit den anderen auf den Beginn des Trainings (2). Eine der genauesten Escaramuza-Übungen ist der Abanico, auch Fächer genannt (3 – 6).

7

dem speziellen Sattel sitzen müsse, den ich nie zuvor gesehen hatte. Sie gaben mir das ruhigste Pferd des Stalles, eine alte Quarter-Fuchs-Stute mit dem Namen La Gringa.

Meine Begeisterung wuchs mit jedem Moment und ich glaubte, mein Herz würde mir zerspringen in meiner Seidenbluse, die ich so sorgfältig ausgewählt hatte. Alles war perfekt, ich hatte das Gefühl, die Welt erobert zu haben an diesem Tag – nur hatte ich den Eindruck, daß ich von den anderen Mädchen abgelehnt wurde. Natürlich hatte ich nicht erwartet, daß sie mich alle sofort akzeptieren würden, aber was hatte ich falsch gemacht? Ich wollte ein Teil der Gruppe sein. Als ich wegging, sagte die Lehrerin zu mir: »Wenn Du das nächste Mal kommst, zieh Deine Jeans und Stiefel mit niedrigen Absätzen an und versuche nicht so zimperlich zu sein, weil Du Dir vielleich Dein Gesicht schmutzig machen könntest.« Da erkannte ich, was falsch war – alle hatten Strapazhosen an, eine einfache Bluse und Stiefel mit Sporen und keine sorgte sich darum, ob sie schmutzig wurde. Ich lernte viele Dinge an diesem Tag, die für mein ganzes Leben von Wichtigkeit sind.

Ich sollte noch erwähnen, daß ich mich beim zweiten Training verändert hatte und von den Mädchen akzeptiert wurde. Wir waren seither eine freundschaftliche Gruppe mit guter Zusammenarbeit.

Außerdem sollte ich erklären, daß die Escaramuza Charra eine Gruppe von mexikanischen Frauen ist, die sehr gefährliche Übun-

Maria Elena bei einer Unterhaltung mit Freundinnen und dem Charro-Sänger Gualo Silva (8) vor dem Krönungszeremoniell.

8

9

11

10

gen und Bewegungen auf dem Pferderücken vollführen und dabei viel Geschick, Genauigkeit und Mut beweisen. Die meisten Nummern werden in der Arena in verschiedenen Geschwindigkeiten ausgeführt, was so aussieht, wie ein Ballett im Sattel.

Es gibt keine Worte, um den Eindruck genau zu beschreiben, den die Leute gewinnen, wenn sie zum ersten Mal eine Escaramuza Gruppe bei einer Vorführung sehen. Man kann in ihren Gesichtern Furcht, Freude und Anspannung sehen und manchmal sah ich Personen mit Tränen der Rührung in den Augen, nachdem sie ein kleines Mädchen beobachtet hatten, das auf einem quicklebendigen Pferd saß, mit keinem anderen Wunsch, als sein Vertrauen zur mexikanischen Tradition zu zeigen, die es seine Eltern seit Geburt gelehrt hatten.

Wenn ich ihnen mein erstes Pferd beschreibe, werden sie glauben, daß es das schönste Pferd der Welt gewesen sei; daher begnüge ich mich zu sagen, daß es ein Araber-Fuchs war, der einmal einer der Escaramuzas gehört hatte, die ihn verkaufen mußte, als sie verzog. Mein Pferd hatte viele gute Eigenschaften; er war freundlich, beherrschte die Bewegungen der Escaramuza sehr gut und war sehr

Maria Elena und die Escaramuza-Direktoren Rosalinda Soler de Gutiérrez und Guadalupe Soler de Solis auf dem Marktplatz nach der Parade (10). Eine Gruppe von Mariachis widmet Elena eine Serenade, bevor das mexikanische Rodeo, auch Charra genannt, beginnt (11). Paloma wird für die Charriada gesattelt (12).

12

13

flink. Aber vor allem hatte ich ihn sehr gern, was jegliche Schwächen, die er gehabt haben mag, ausglich. Er verletzte sich an einer Sehne, nachdem ich ihn erst zwei Jahre gehabt hatte. Da die Verletzung nicht heilbar war, meinte der Arzt, daß man ihn töten müßte. Mein Vater sagte, um mich zu trösten, daß wir ihn auf eine Ranch bringen werden, wo er leben könnte ohne arbeiten zu müssen. Und das taten wir dann auch. Es ist für jeden tragisch sein Pferd zu verlieren. Ich war erst vierzehn Jahre alt und es war mein erstes. Mein einziger Trost war, daß es nicht hatte sterben müssen, sondern weiterleben konnte, wenn auch weit weg von mir.

Jetzt war ich ohne Pferd und mußte ein neues suchen. Ich verstand inzwischen mehr und wollte ein stärkeres und auffälligeres Pferd, auf dem ich zeigen konnte, was ich gelernt hatte. Ich fand Paloma, eine schöne appolonische Stute, die einem der Charros gehörte. Aber trotz aller meiner Bitten wollte er sie mir nicht verkaufen. Letzten Endes jedoch, nachdem er in finanzielle Schwierigkeiten geraten war, war er gezwungen nachzugeben und Paloma gehörte mir. Ihr Name war nicht Paloma, bevor ich sie gekauft habe, aber ich wollte sie so sehr, daß ich ihr einen neuen Namen gab.

Wie auch im allgemeinen beim Kauf eines Pferdes, wählt jedes Mitglied der Gruppe das Pferd, das ihm am besten gefällt. Aber das ideale Pferd für die Escaramuza ist groß und stark, da die Arbeit sehr ermüdend ist. Es sollte kein hartes Maul haben, obwohl natürlich die Mädchen der Escaramuza imstande sind, jedes Pferd zu reiten. Auch ist es nicht möglich, objektiv über die Schönheit der Pferde zu sprechen, da jedes Mädchen davon überzeugt ist, daß ihr Tier das schönste der Welt ist. Es ist immer eine Tragödie, wenn sich ein Pferd verletzt. Ich muß sagen, daß unsere Eltern immer versuchen, uns die allerbesten Pferde zu kaufen.

Die Ausrüstung besteht aus einem Seitensattel, wie jene, die in früheren Zeiten von den spanischen Frauen benutzt worden sind. Er hat einen Holzrahmen, der mit Leder überzogen ist und den Sitz sehr bequem macht. Die Reiterin verwendet nur den linken Steigbügel und schlägt ihr rechtes Bein über den Sattelknauf, so daß ihre beiden Beine auf der linken Seite sind. Außer dem Seitensattel gibt es ein Satteltuch, eine Sarape, einen Sprungriemen und einen speziellen Zügel. Alle diese Dinge werde in Mexico nach der Charra-Tradition hergestellt.

Das Charra-Kostüm ist zweifellos sehr aufwendig und abwechslungsreich. Es gibt es als einfaches Baumwollkleid bis zum gold- und silberbestickten Charra-Kostüm. Ich werde das Kostüm beschreiben, das man trägt, wenn man an einer Vorführung in der Arena teilnimmt. Es besteht aus einem sehr weiten Rock und einer hochgeschlossenen Bluse mit entweder langen oder kurzen Ärmeln. Diese Kleidung soll so bunt und unterschiedlich wie möglich sein, um der Arena Fröhlichkeit und Leben zu geben. Unter dem Rock wird ein kurzer Unterrock getragen sowie Strumpfhosen, die in die Stiefel gesteckt werden. Die Stiefel reichen bis knapp unter das Knie und heißen Jalisco-Stiefel. Am linken Stiefel ist ein Sporn befestigt. Vervollständigt wird diese Ausstattung durch einen breitrandigen Hut, der durch einen Lederriemen unter dem Kinn befestigt ist.

Für diejenigen, die noch nie eine Escaramuza gesehen haben, werden ich versuchen, einige der Nummern, die wir vorführen, zu beschreiben.

Die Blume: In dieser Übung bilden die Reiter, in zwei Gruppen zu je vier, eine fächerförmige Formation. Auf ein Signal leitet die rückwärtige Gruppe ihre Pferde durch die Linie vor ihr. Nachdem sie im Kreis um die Arena geritten sind (im Uhrzeigersinn) nehmen sie Aufstellung in der ersten Reihe. Die frühere erste Reihe, die jetzt rückwärts placiert ist, wiederholt die Bewegung.

14

Maria Elena, gefolgt von den Escaramuzas und Charros, führt die Parade in die Arena an (13). Sobald die Gruppe die Arena einmal durchquert hat, zeigen die einzelnen Charros unabhängig voneinander ihre Reitkünste (14 und 15).

15

16

Die Schwierigkeit bei dieser Bewegung liegt am geringen Abstand zwischen jedem Pferd und der Notwendigkeit, die Geschwindigkeit jedes Pferdes zu koordinieren, da, wenn man in einem Kreis reitet, das Pferd in der Mitte nur trottet, während das an der Außenseite der Arena galoppieren muß, um eine gerade Linie einzuhalten.

Der Zopf: Der Zopf war und wird immer ein Charakteristikum der mexikanischen Frau sein, von der Azteken- und der Kolonialzeit bis zum heutigen Tag. Jegliche Vorstellung einer mexikanischen Frau ohne Zopf ist undenkbar.

Und da der Zopf so mexikanisch ist, machen wir eine Nummer in der Arena, die dem Flechten eines Haarzopfes ähnlich ist. Pferde

Nachdem Maria Elena ihr Escaramuza-Kostüm angelegt hat, galoppiert sie mit Paloma durch die Arena, um sie für den »Rayo« vorzubereiten – eine Übung, die auch Blitz genannt wird (16 – 19).

17

18

20

21

22

und Reiter formen Gruppen, die die Haarsträhnen darstellen und mit einer sehr graziösen Bewegung flechten sie sich in eine Linie.

Zwei lange Reihen werden gebildet und die Pferde von links reiten nach rechts und umgekehrt, bis nur eine Reihe überbleibt, die im Galopp die Arena verläßt.

Der Fächer: Der Fächer ist immer von sehr weiblichen Frauen verwendet worden, mehr zum Flirten als zum Kühlen und die Escaramuza hat eine ihrer Nummern, die sowohl Mut, Geschicklichkeit, Schnelligkeit und Kontrolle als auch ein Lächeln auf den Gesichtern der Vorführenden erfordert, den Fächer genannt.

Die Übung besteht darin, daß die Pferde in der Arena in einer Linie wie der große Zeiger einer Uhr reiten – die Reiterin in der Mitte trottet nur, während die weiter nach außen hin zunehmend schneller werden, um eine gerade Linie einhalten zu können. Der Gesamteindruck ist wie das Öffnen eines Fächers.

Der Französische Knoten: Jede Frau weiß, daß der Französische Knoten ein attraktives Haararrangement im Nacken ist. Die Escaramuza Charra von Tijuana hat eine ihrer Nummern den »Moño« oder Knoten genannt, weil Schleifen gezogen werden, die einem Haarknoten ähnlich sind.

Zu einem bestimmten Zeitpunkt formieren sich alle Mädchen der Charra mit ungerader Nummer zu einem kleinen Kreis, während diejenigen mit gerader Nummer am Rande der Arena entlangreiten, bis sich der innere Kreis vollständig formiert hat. In diesem Moment beginnen sie, ihre Pferde in den kleineren Kreis und auf der anderen Seite wieder hinaus zu lenken, um ihren eigenen kleinen Kreis zu bilden, durch den wiederum die Mädchen mit der ungera-

23

Sie erinnern an Blüten, die auf sandigem Boden hin und herwiegen: Maria Elena und die Escaramuzas führen den »Mono«, auch der Bogen genannt, auf; dabei reiten sie in Achterformationen, die einander immer wieder den Weg schneiden (20 – 25).

24

25

den Nummer ihrerseits sich durchwinden; auf diese Art bilden sie Schleifen, ähnlich denen eines Haarknotens.

Kreuzen mit dem Tod: Warum diese Bezeichnung, werden sie fragen, und wo ist da die Weiblichkeit, von der gesprochen wurde? Wirklich, es ist sehr schwierig für mich, nur auf dem Papier zu erklären, wie die Übungen der Escaramuza sind. Niedergeschriebene Worte sind zu trocken, um die Gefühle zu beschreiben, die wir empfinden – diese Momente müssen erlebt werden, um sie zu verstehen.

(26) Die Escaramuzas galoppieren in der Arena. Maria und ein Freund von ihr rasen auf die Ringmitte zu, um einen doppelten »Skid« vorzuführen; dabei ahmt jeder Reiter genau die Bewegungen des anderen nach (27 – 30).

27

28

29

30

26

31

32

Ich kann nur sagen, daß diese Nummer ihren Namen zu Recht führt, da sie sehr gefährlich ist. Ich habe mehr als einmal Pferde gesehen, die frontal zusammenstießen und ihre Beine brachen und die Mädchen sind oft schwer gestürzt.

Es werden zwei Kreise geformt und die Mädchen jedes Kreises reiten im Galopp in den anderen hinein und bilden so eine Achter-Figur oder ein Kreuz auf dem Boden. Im Moment des Kreuzens muß der Kopf des Pferdes so nah wie möglich am Schweif desjenigen sein, das vor ihm kreuzt, und das ist der Augenblick, in dem die Reiterin eine große Freude empfindet, wenn ihr Pferd ohne zu zögern, im genau richtigen Moment passiert, während ein wilder Applaus der Zuschauer erschallt.

Der Rutscher: Diese Nummer kann allein, was meiner Meinung nach befriedigender für die Reiterin ist, oder paarweise, was schwieriger ist, ausgeführt werden.

Man galoppiert von der Mitte des Eingangs der Arena hinaus in den Sand, zieht dann das Pferd so plötzlich hoch, daß es auf den Hinterflanken in der Mitte der Arena rutscht.

Dies ist eine sehr schwierige Übung, bei der viele Einzelheiten in Betracht gezogen worden müssen. Das Pferd darf nicht widerwillig in die Arena kommen und muß angefeuert werden, rascher zu galoppieren. Es muß genau in der Mitte zum Stehen kommen; die Rutschspur muß eine bestimmte Länge haben und sollte nur mit den Hinterbeinen gemacht werden; das Maul des Pferdes sollte während des Hochziehens geschlossen bleiben; es sollte sich weder ducken noch aufbäumen und viele Dinge mehr, die zu mühselig sind, um hier aufgezählt zu werden.

Der Zügellose: Die Charra teilt sich in zwei Gruppen, die je eine Reihe bilden, wenden und sich über die Arena hinweg anblicken. Sie galoppieren aufeinander zu, eine Reihe passiert die andere in der Mitte der Arena, reiten weiter bis zur anderen Seite, wo sie wenden und die Bewegung wiederholen.

Es war für mich eine großartige Sache, diese Zeilen für sie zu schreiben, die sie in einer ganz anderen Welt als der meinen leben,

Von all den Übungen ist der Abanico der Publikumsliebling. Maria Elena hier in zwei verschiedenen Kostümen, die sie zu den Aufführungen trägt (31 und 32).

34

mit eigener Tradition und bestimmten Gewohnheiten, aber die doch etwas Wunderschönes gemeinsam haben – die Liebe zu Pferden. Seit jeher standen Pferde dem Menschen sehr nahe und hatten immer einen speziellen Platz in seinem Herzen. Ich möchte sie alle, die sie Pferde lieben, von ganzem Herzen auffordern, Mexico zu besuchen und vor allem eine Charra Fiesta, damit sie selbst erleben können, was ich ihnen nicht genau genug beschreiben konnte.

Doch jetzt erwarte ich mit großer Ungeduld, dieses Buch im Druck zu sehen, so daß ich etwas von den Gewohnheiten in anderen Ländern in Bezug auf Pferde erfahren kann.

In meiner Schule hatten wir vor kurzem einen Gedicht-Wettbewerb und ich ließ mich von Paloma, meiner Stute, inspirieren.

MI YEGUA

Es mi yegua la paloma
De belleza sin igual
Cuando monto yo en su lomo
Necesito sofrenar
Estas ansias de mi alma
Que me dicen »corre más«
Es su andar de tal belleza
Que parece coquetear
Y el manchado de sus ancas
Lo parece reafirmar.

33

(33 und 34) Maria Elena reitet auf Paloma durch die Uferbrandung des Pazifiks, nicht weit von Misión del Sol.

DEBI JENSEN USA

Die in einer Pferdezeitschrift entdeckte Photographie eines Mädchens, das einen fast reinweißen Araberhengst ohne Sattel und ohne Zügel durch den Wald reitet, führte mich nach Oregon zu Debi Jensen. Der Herausgeber dieses Magazins brachte mich mit Betty Notley, der Besitzerin des Hengstes Wazir, und mit der hier abgebildeten Mutter des Mädchens in Kontakt.

Ich traf Betty auf der Winter-Show der Araber-Pferde in Scottsdale in Arizona; daraus wurde für mich eine Besichtigung ihrer Farm in Oregon namens Raintree Egyptian Stud. Einen Monat später, knapp vor meiner Abreise nach Oregon, rief mich Betty an, um mir mitzuteilen, daß ihre Tochter Rainy krank sei und unmöglich den Photographen vorreiten könne. Da ich aber nun einmal schon so nahe bei Oregon war und wußte, daß ich vor meiner Abreise nach Europa unmöglich noch einmal zurückkommen konnte, bat ich Betty um ihre Zustimmung, ob ich trotzdem vorbeischauen könnte. Sie erklärte sich einverstanden.

In Bettys Trainerin Debi Jensen auf Raintree begegnete ich einem phantastischen Menschen. Sie war Trainerin, studierte Management, war Wertungsrichterin bei den Horse-Shows und Wettkämpfen und ich glaube, es ist schwer, so schnell eine so talentierte, gutaussehende und tüchtige junge Frau wie Debi zu finden. Außerdem hat sie eine wunderbare Weltanschauung, die das Arbeiten mit ihr und Wazir zu den schönsten Augenblicken während der Zusammenstellung dieses Buches machte.

Besonders beeindruckte mich, daß Debi trotz ihrer Scheidung und den Pflichten um die Versorgung ihrer minderjährigen Tochter ihre Karriere zu Pferd nicht aufgegeben hat. Ich hoffe, daß ihre Geschichte andere junge Frauen anregen und inspirieren wird. Es war faszinierend, Debi auf der Farm und in der Showarena beim Reiten zuzusehen; aber als ich sie danach ausreiten sah – mit dem ungesattelten, ungezäumten Wazir, den sie nur mit einer schmalen Schnur um den Hals hielt, um seinen wilden Galopp unter Kontrolle zu halten – fühlte ich mich fast als Zeuge eines zu neuem Leben erwachten mittelalterlichen Märchens.

Für Astrologie habe ich mich bisher kaum interessiert. Daher kann ich auch nicht mit Sicherheit sagen, daß mein Sternzeichen – ich bin Schütze – Rückschlüsse auf meinen Lebensstil rund um Pferde erlaubt.

(1) Wertungsrichterin, Trainerin und Zuchtmanagerin von Araber-Pferden – das ist Debi Jensen mit dem ägyptischen Hengst Wazir.

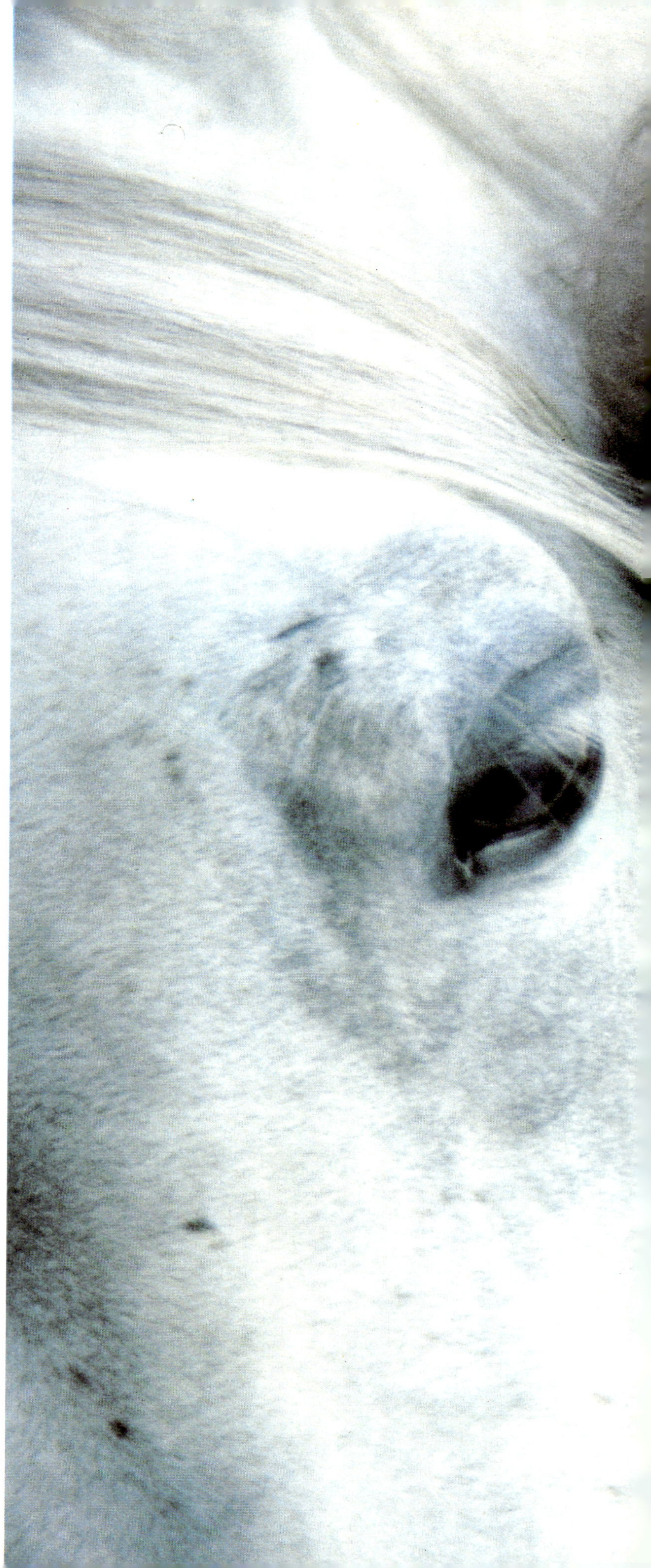

2

Es überrascht viele Leute, daß ein in der Großstadt aufgewachsenes Mädchen einer Berufung wie der meinen folgt. Meine Mutter meinte neunzehn Jahre lang, ich würde über die Pferdephase hinauswachsen. Freilich, als ich in die High-School eintrat und mich mit Jungens zu treffen begann, entwickelte ich auch sonst neue Interessen. Aber ich hielt sie zum Narren! Freilich hatte ich meine Verabredungen, aber die meisten meiner Freunde besaßen auch Pferde! Abgesehen von meiner Schwester Cindy, die ebenfalls immer schon eine Pferdefanatikerin gewesen war, bin ich eigentlich der einzige Pferdenarr in der Familie. Das war manchmal ein echtes Hindernis, denn die wahre Bedeutung dieser kostbaren Tiere mit all ihren Begleiterscheinungen kann nur einer verstehen, der ebenfalls in Pferde vernarrt ist.

Es kostete mich Betteln und unzählige Versprechungen, bis ich unsere Mutter endlich überreden konnte unser erstes Pferd zu kaufen. Wenn ich heute zurückdenke, bin ich sicher, das auslösende Moment für diesen Entschluß ihrerseits war die Beschämung, daß wir in der ganzen Nachbarschaft auf Staubwedeln und Besen herumritten, als ob es Pferde wären. So kam es, daß ich im Alter von sechs Jahren eine Erfahrung machte, die mir ein ganzes Leben lang treu bleiben sollte: ich bekam mein erstes Pferd. Wir nannten es nach einem wundervollen Rassepferd Gypsy King. Es war ein Gold-

Debi spricht mit sechs jungen Trainern, die auf der Ranch arbeiten (2). Die Trainer mit Wazir (3). Eine Stute wird zum Decken gebracht (4).

3

4

6

5

palomino mit einer langen, silbrigen Mähne und ebensolchem Schweif. Groß und auffallend wie er war, war leicht ersichtlich, warum ihn sein Vorbesitzer auf Paraden geritten hatte.

Wenn ich heute, nach einundzwanzig Jahren, die Photos von King durchblättere, erkenne ich erst, daß wir so etwas wie »stallblind« gewesen sein müssen. Es war weder ein echter Goldpalomino, noch hatte er eine seidige, lange Mähne: er war blaßgelb und seine Mähne war struppig und grau. Seine auffälligen Bewegungen waren nach meinem heutigen Dafürhalten alles andere als erstrebenswert. Aber King war ein echtes, lebendiges Pferd, und was noch wichtiger war: er gehörte *mir*. Auch wenn ich schon damals all seine Mängel erkannt hätte, hätte ich ihn um nichts weniger geliebt.

King war für mich der Anfang einer Karriere, die mit 4-H Bewerben begann und mich über Springturniere und Rodeo-Queening letzten Endes dazu brachte, berufsmäßig Araberpferde vorzufüh-

Die Ausarbeitung eines Zuchtprogrammes für Raintree ist eine der wichtigsten Beschäftigungen von Debi (5, 6 und 7). Debi und Betty Notley begleiten Wazir zu einer der rancheigenen Stute.

7

8

9

ren. Solange, bis ich mit zwanzig heiratete. Mein Mann beschäftigte sich mit Viehzucht und wir übersiedelten ständig. Wir zogen nach Colorado, Oklahoma, immer in andere Städte. Seinerzeit in Texas arbeitete ich bei Auktionen mit Rindern; in Missouri unterrichtete ich in einer Reitschule, und in Colorado, wo meine Tochter Sunny geboren wurde, verbrachte ich acht Monate als Gehilfin eines Trainers beim Heranbilden von zweijährigen Quarter-Horses zu Rennpferden. Und dann zogen wir nach Tulsa in Oklahoma.

Unser Ankunft fiel mitten in den Sommer, und wir glaubten vor lauter Hitze und Feuchtigkeit zu zerfließen. Die meiste Zeit verbrachte ich im vollklimatisierten Haus und hing sehnsuchtsvoll meiner versäumten Karriere zu Pferd nach. Es war zwar wegen unserer vielen Umzüge nicht sehr vernünftig von mir, aber ich mußte einfach wieder mit Pferden zu tun haben. Denn letztlich ergab sich immer wieder für mich wegen meiner guten Qualifizierung als Richterin Gelegenheit für eine Arbeit, die schließlich überall gefragt war. Große Shows verwenden nie Wertungsrichter aus der näheren Umgebung, um Verdachte hinsichtlich Bevorzugungen auszuschalten.

Mein erster Schritt war das Sammeln von Informationsmaterial. Ich verschickte ein paar Briefe und telephonierte herum, aber es ging erst dann wirklich los, als Don Burt, ein höchst anerkannter Richter aus Tulsa, bei einer Show die Wertungen übernahm. Er setzte mich von der Einrichtung des Anlern-Richters in Kenntnis und ließ mich auf ein paar Shows mitbewerten.

Es war ziemlich schwer, vor der ersten Show die richtigen Entscheidungen zu treffen. Für den Show-Manager beging ich einen schweren Fehler, weil ich zuerst mit der Amerikanischen Gesellschaft für Pferde-Shows und dann erst mit der Show selbst Kontakt aufnahm. Ich hatte keine Ahnung, daß genau die umgekehrte Vorgangsweise richtig gewesen wäre. So kostete es mich endlose Erklärungen und Entschuldigungen, um sie wieder zu besänftigen. Es waren eben allerhand Dinge in Ordnung zu bringen.

Zusammen mit Don Burt arbeiteten noch zwei andere Richter in der Show, wie es bei größeren Shows häufig der Fall ist. Anfangs dachte ich, daß dieser Umstand meinen Streß verdreifachen würde, und daß mich alle mit Argusaugen beobachten würden, aber Gottlob erwiesen sich meine Befürchtungen als unbegründet. Diese drei ausgesprochen freundlichen und talentierten jungen Herren ver-

Sobald Wazir auf den Showplätzen ausgeladen worden ist, nimmt ihn Debi zunächst an die Longe (8); dann übt sie mit ihm für den Kurs an der Longe (9).

10

brachten ein ganzes Wochenende damit, um mir zu helfen, mich zu führen und intensiv zu belehren. Ich denke, mich nie besser unterhalten zu haben. Ich fragte Don, ob es auf den Shows immer so lustig zuginge. Seine Antwort beeindruckte mich schwer: »Wenn es in Zukunft nicht mindestens so unterhaltsam bleibt, hänge ich den Job an den Nagel!«

Wir arbeiteten in dieser Show wirklich hart, besonders, wenn die Klassen in der Arena waren; aber zwischen den einzelnen Darbietungen unterhielten wir uns ganz locker und es fielen auch gute Witze. In Wirklichkeit halfen uns diese Pausen, um dann während der Arbeit einigermaßen entspannt zu sein; denn sie beanspruchte einen sehr. Nicht alle Richter verhalten sich so, doch von diesen lernte ich, wie man seinen Job auch genießen kann.

Ich wußte, daß meine Anwesenheit als Anlern-Richter bei *einer* Show eine gute Sache war, aber bei *zehn* wäre es noch besser. So arbeitete ich noch mehr. Ich fragte Don, welche anderen Richter er mir noch empfehlen könnte, mit denen ich zusammen arbeiten könnte und die ähnliche Richtlinien in ihrer Kritik hätten wir er. Es war mir sehr wichtig, von gerade den besten Richtern unterwiesen zu werden und zu lernen.

Don empfahl mir einen Kanadier namens Peter Cameron. Als ich im Amtsregister nachschlug, sah ich, daß er der bestbezahlteste Richter auf diesem Gebiet war. Es sollte also eine harte Umstellung werden. Ich war von Don so begeistert und fand die Arbeit mit ihm so angenehm; ich war überzeugt, daß Mister Cameron ein ungemütlicher Zeitgenosse sein müsse. Das war genau mein Eindruck, den ich von ihm bei unserem ersten Treffen am Flughafen hatte. Ich erinnere mich mit Grollen an Don gedacht zu haben, mit welch widerlichem Kerl er mich für drei Tage verpflastert hatte. Normalerweise stimmt mein erster Eindruck von Personen mit der Realität überein, aber diesmal hatte ich mich gründlich geirrt. Als wir dann einander besser kennenlernten, wurden wir die besten Freunde und

Bei Shows für Araberpferde tritt Debi oft in arabischen Kostümen auf (10); hier im englischen Parkstil, Damensitz (13) und im Westernstil (14).

13

11

12

14

15

16

17

18

er brachte mir Bewertungskenntnisse und Techniken bei, die in keinem Buch stehen, spezielle Feinheiten, die sich nur von Mensch zu Mensch erklären lassen.

Ich wußte, daß es noch lange dauern würde, bis meine Eignung als Wertungsrichter soweit sattelfest sein würde, daß ich mir selbst genügte: für die Überbrückungszeit nahm ich einen Job bei einem Flugzeugproduzenten an. Das war zwar eine aufregende und inter-

Debi arbeitet mit Wazir in vier gesessenen Disziplinen (15 – 18) und an der Longe (19). Debi und Wazir haben zusammen viele Trophäen und Ribbons errungen (20).

19

20

21

essante Tätigkeit, aber jedes Mal, wenn ich auf meinem Weg in die Arbeit einem Pferdetransport begegnete, fiel mir der Weg zum Schreibtisch schwerer.

Als ich einen Brief von Pat Mauck, einer alten Freundin und höchst erfolgreichen Trainerin, erhielt, erkannte ich, wie sehr mir das Pferdegeschäft fehlte. Per Telephon tauschten wir ein paar Gedanken aus, und bald daraufhin übersiedelten mein Mann und ich neuerlich – diesmal aber *meiner* Karriere zuliebe. Als ich endlich wieder zu Hause in Oregon bei meiner Familie, den alten Freunden und beim Training war, war ich restlos glücklich. Ich hatte allerhand aufzuholen. Pat hatte in der Zwischenzeit beachtliche Fortschritte gemacht und sich ein paar neue Techniken angeeignet. Sie verbrachte mit mir viel Zeit und lehrte mich verbesserte Methoden, die sich als höchst erfolgreich erwiesen hatten. Sie erweisen mir bis heute gute Dienste.

Zu dieser Zeit besaß Pat etliche besonders gute Pferde, aber eines von den auffallendsten war ein herrlicher, weißgrau melierter Hengst namens Gdansk. Durch Pat war dieses Pferd eine Art Berühmtheit geworden, nachdem andere Trainer es als unerziehbar abgelehnt hatten. Unter Pats Führung wurde Gdansk so bekannt, daß wir bald unsere Chancen gewahrten. Es gab Zeiten, in denen wir über achtzig Pferde besaßen, aber die Lage unseres Stalles war ziemlich unglücklich, denn es gab zu wenig Wiesen und Weideflächen in der Umgebung. Jedes Pferd mußte in der Box leben, wenn wir es nicht gerade zum Trainieren in die Arena nahmen. Das war natürlich weder für die Pferde noch für uns ein angenehmer Zustand. Pat machte eine Ranch in Redmond in Oregon ausfindig, die für alle Pferde genug Platz und Weidefläche bot, um auch im Freien gehalten zu werden. Bald darauf übersiedelten wir dorthin und nahmen ungefähr fünfzig Pferde mit.

Nunmehr liegt der Beginn meiner aktiven Tätigkeit im Training und im Showgeschäft, wie es anfangs mit Pat der Fall war, sieben Jahre zurück. In unserer Spitzenzeit hatten wir zuletzt zweihundert Pferde während der Tragzeit auf der neuen Ranch. Damals leitete ich einen von mir gegründeten speziellen Reitkurs »Twin Fir Amateur Owners« für bessere Reiter, die ihre Pferde selbst trainieren und bei Shows mitwirken wollten, anstatt einen Trainer mit der ganzen Arbeit zu beauftragen. Dieses Programm wurde so beliebt, daß ich sieben Tage in der Woche zehn Stunden täglich am Werk war. Das ließ mir nur wenig Zeit für Mann und Kind – so mußte etwas zurückstehen. Pat und ich besprachen diese Angelegenheit und wir entschieden, daß ich meine Amateurkurse fortsetzen und dafür die bisherige Arbeit mit ihr aufgeben sollte.

22

Betty Notley und Debi beobachten Wazir und drei andere rancheigene Hengste auf der Rennbahn (21). Debi bei der Bewertung von jungen Araber-Pferden (22).

23

24

Genau zu diesem Zeitpunkt vereinbarten mein Mann und ich unsere Scheidung. Es hatte zwischen uns schon eine ganze Weile nicht mehr geklappt, und es schien uns die einzige praktikable Lösung. Zu allem Übel kam dann noch hinzu, daß eine Stute stürzte und ich mir dabei ein Bein brach. Das bedeutete, die ganze Showsaison an den Zuschauerplätzen verbringen zu müssen.

Mein Mann war nach Colorado gezogen und ich schaffte einfach nicht mehr alles allein. So zogen meine Tochter und ich zu meinen Eltern. Es war ein Glück, sie zu haben, denn sie halfen uns redlich über diesen schwierigen Abschnitt hinweg. Gerade als mein Gips abgenommen worden war, erhielt ich einen Anruf. Am anderen Ende der Leitung hörte ich die enthusiastische Stimme von Betty Notley vom Raintree Egyptian Stud in Newberg, Oregon, – ungefähr vierzig Meilen vom Haus meiner Eltern entfernt. Betty erklärte mir, daß sie dringend einen neuen Trainer-Manager brauche und erfah-

Es ist ein aufregender Anblick, wenn man Debi beobachtet, wie sie mit Wazir ohne Sattel und Zaumzeug durch die Wälder Oregons reitet; zur Führung bedient sie sich lediglich des Schenkeldrucks und einer dünnen Schnur (23). Selbst wenn Wazir während der Brunftzeit an Stuten herangeritten wird, verhält er sich seinem Reiter gegenüber loyal (24); er gibt ihnen bloß durch Kopfbewegungen und Zwinkern ein Zeichen, daß er sie nicht übersehen hat (25).

25

26

27

ren hätte, daß ich unter Umständen verfügbar sei. Ich humpelte immer noch und wann mein Bein es zulassen würde, das Trainieren wieder aufzugreifen, konnte ich noch nicht absehen. Betty überredte mich, mir die Sache doch auf alle Fälle einmal anzusehen. Sobald ich in die Ranch, durch die lange, baumbestandene und mit den in den Ranchfarben gehaltenen Fahnen geschmückte Einfahrt, fuhr, war ich von den wunderschönen weißen Scheunen und der nagelneuen Arena sehr beeindruckt, aber Betty selbst war eine richtige Geschäftsfrau. Sie war zuvorkommend und freundlich und begierig, an die Spitze zu gelangen, Karriere zu machen. Wir hatten offensichtlich so viel Gemeinsames, daß wir gleich spürten, ein gutes Team zu werden.

Die ersten Wochen auf Raintree waren – milde ausgedrück – hektisch. Ich war so beschäftigt, das Geschäft von der Pike auf zu lernen und die ungefähr fünfzig auf der Ranch lebenden Pferde kennenzulernen, daß ich für nichts sonst mehr Zeit hatte. In den beiden ersten Monaten schmerzte mich das langsam heilende Bein noch sehr. Endlich jedoch besserte es sich und ich humpelte auch fast nicht mehr.

Als ich die ägyptischen Araberpferde besser kennenlernte, bekam ich hohe Achtung für diese personenorientierten Tiere. Nie habe ich sonst mit so willigen Pferden gearbeitet. Unter den Jungtieren gibt es etliche, die bald nach dem Einreiten im Alter von drei Jahren Sattel und Reiter widerspruchslos akzeptieren. Ihr Instinkt, dem Menschen zu dienen, ist stark ausgeprägt.

Das edelste Beispiel eines ägyptischen Araberpferdes ist meiner Meinung nach Ansata El Wazir. Nie zuvor habe ich mit einem Hengst zusammengearbeitet, mit dem man sich so gut verständigen kann und dem man so vertrauen kann. Wazir hat einen geradezu menschenähnlichen Charakter – und wie! Warum er auf Menschen so anziehend wirkt, ist leicht ersichtlich. Selbst Leute, die sich nie besonders zu Pferden hingezogen fühlen, bleiben stehen und wollen Wazir streicheln. Sogar Künstler wollen ihn malen und photographieren.

Es ist allgemein üblich, die Hengste getrennt von den anderen Pferden zu halten. Das schützt sie vor ihrer eigenen Kampflust. Ein in der Wildnis lebender Hengst wird alle übrigen männlichen Tiere zu besiegen versuchen, um alle Stuten für sich selbst zu behalten. Es ist schon höchst unüblich, einen Hengst ohne Sattel und Zaumzeug zu reiten, und noch viel mehr, wenn das in Anwesenheit von sich frei bewegenden Stuten und Fohlen vor sich geht. Aber Wazir scheint

(26 – 34) Debi beweist nicht nur als Reiterin enorme Fähigkeiten und Sensibilität, sondern es gelingt ihr auch, das vornehme Wesen Wazirs geschickt zu unterstreichen.

28

30

31

das alles nicht zu berühren; anscheinend weiß er, daß es nicht notwendig ist, seinen Reiter abzuwerfen und mit den Stuten davonzulaufen. Während der Wurfzeit kann er täglich alle Stuten, die er sich nur wünschen kann, direkt vor seinem Stall haben.

Eine andere Eigenart in Wazirs Charakter ist seine gefühlsmäßige Zuwendung bei den Stuten, die er jedes Jahr deckt. Von all den vielen, die ihm gebracht werden, bleibt eine, die wir Dona nennen, seine erste und wahre Liebe. Immer und überall, wenn Wazir seine geliebte Dona erspäht, ruft er sie und beobachtet sie stundenlang. Viele der anderen Stuten sind ihm offensichtlich langweilig und manchmal müssen wir ihm Dona zur Gemütsaufheiterung richtiggehend unterschieben, wenn er für die anderen Stuten nicht in Laune ist. Interessant und bemerkenswert ist auch, daß Dona tatsächlich eine der hübschesten Stuten von allen ist. Vielleicht finden sie deswegen solchen Gefallen aneinander, weil sie einander so ähnlich sind.

Aus den bisherigen Beschreibungen könnte man glauben, daß Wazir ein ruhiges, faules, altes Pferd sei, aber das ist weit gefehlt. Wenn Besucher zu uns kommen, lassen wir ihn ein paar Runden frei in der Arena drehen, da schlägt er dann schnalzend mit seinem Schweif über den Rücken und schreitet schnaubend wie ein wirklicher Vollbluthengst einher. Nach ein paar Minuten sitzen wir dann auf oder lassen sogar total unerfahrene Reiter aufsitzen; und er trägt sie sicher und vorsichtig um die Arena.

Ich bin jetzt achtundzwanzig und sehr froh, meinen Lebensunterhalt mit einer Beschäftigung zu verdienen, die ich so liebe. Oft wird mir die Arbeit wirklich zuviel und ich bin ganz abgespannt und unglücklich. Aber auch, wenn ich mit solchen Augenblicken rechnen muß, verlasse ich doch nie meine Pferdewelt. In meiner derzeitigen Position bin ich Cheftrainerin und Managerin des Raintree Egyptian Stud in Newberg, Oregon. Hier beschäftigen wir uns nicht nur mit Zucht, Verkauf und Training, sondern erteilen auch anderen Pferdebesitzern Ratschläge für ihre Züchtungen und geben auf Wunsch auch Unterricht und Anweisungen. In den geschäftigen Frühlingsmonaten, wenn die Stuten fohlen, beherbergen wir über neunzig Pferde. Den Winter hindurch haben wir für durchschnittlich fünfzig Tiere zu sorgen.

Meine Arbeit besteht aus einer Fülle von verschiedenen Aufgaben: vom eigentlichen Züchten und Schulen der Pferde zum Verkauf und den Geschäftsverbindungen. Ich habe erkannt, daß ich trotz meiner Berufung zu den Pferden doch noch sehr in der menschlichen Geschäftigkeit stecke; denn unser kritisches Publikum verlangt von uns höchstes persönliches Engagement in der Aufzucht und Schulung der Tiere. Ich hoffe, im Lauf der Zeit noch mehr leisten zu können und aufgrund einer Befähigung als Zucht-

32

33

konsulentin und meinen Leistungen als Trainer noch mehr Champions hervorzubringen. Falls je einmal die Zeit kommen sollte, wo ich den körperlichen Anstrengungen des Trainings nicht mehr gewachsen bin, möchte ich mich mehr und mehr auf das Richten, Managen und Unterrichten konzentrieren und will versuchen, den anderen die Botschaft dieses außergewöhnlichen Tieres, des Pferdes, weiterzugeben.

34

INGE SCHULZE Deutschland

Oftmals werden, spricht man von der Dressur eines Pferdes, fälschlicherweise Begriffe wie Abrichten oder Mechanisieren assoziiert.

Die klassische Reitkunst jedoch baut alle Bewegungen auf strenger Beachtung der Naturgesetze auf, sie ist demnach mit zirzensischer Reiterei nicht gleichzusetzen. Die Dressur ist im Grunde nur eine Weiterentwicklung der natürlichen Gangarten des Pferdes, die in ihrer vollen Reinheit und Schönheit erhalten bleiben sollen. Der Sinn der reiterlichen Ausbildung besteht darin, durch Gymnastizierung des Pferdes seinen Gang in Schritt, Trab und Galopp ausdrucksmäßig zu steigern, zu verfeinern und zu vervollkommnen.

Hierbei sollte es zu einer harmonischen Übereinstimmung zwischen Reiter und Pferd kommen. Diese Harmonie ist letztendlich der Inbegriff der Dressur.

Ich glaube, das Interesse an der Reiterei und die Liebe zu den Pferden liegt bei uns in der Familie. Mein Vater war bei der berittenen Polizei, mein Großvater ein Pferdeliebhaber und ausgezeichneter Pferdekenner. Die anderen Familienmitglieder sind entweder aktiv oder passiv mit diesem Sport verbunden – was sollte da schon anderes aus mir werden als ein Reiter?

Kaum in der Lage auf meinen eigenen Beinen zu stehen verbrachte ich die meiste Zeit meiner Kindheit in der nahegelegenen Reitanlage und so oft es ging auf dem Rücken irgendeines Pferdes.

Mit gut drei Jahren fing ich an zu voltigieren, was ich so lange praktizierte, bis ich aufgrund meiner Länge in der Lage war eigenständig aufs Pferd zu springen. Es schien mir bequemer nur einmal und mit Hilfe des Steigbügels aufzusteigen und so begann meine Laufbahn als Reiter.

In geerbter Reithose wurde ich mit der Zeit zum eifrigsten »Trokkenreiter« unseres Stalles. Meine Aufgabe bestand darin, das durch die Arbeit erhitzte Pferd so lange im Schritt am langen Zügel zu reiten, bis es trocken war.

(1) Inge Schulze, zweifache Europameisterin im Dressurreiten der Junioren, mit ihrem Pferd Don Benito.

1

2

Die ersten Versuche im Traben und Galoppieren unternahm ich in unbeobachteten Momenten. Hierbei entwickelte ich schnell einige Routine, so daß das Trocknen der Pferde immer mehr und mehr Zeit in Anspruch nahm. Dank meines Vaters erhielt ich die Möglichkeit unter Vermeidung von Heimlichkeiten die Anfänge des Reitens zu erlernen.

Und dann bekam ich die erste große Chance, von meinem Onkel Fritz Tempelmann, einem international anerkannten Ausbilder von Pferden und Reitern. Er, dessen Aufmerksamkeit zu erregen mir fast unmöglich erschien, bot mir an in seiner Jugendgruppe mitreiten zu dürfen. Für die Bereitstellung eines Pferdes sorgte er ebenfalls. Mit diesen Reitstunden verbinde ich einige meiner schönsten Erinnerungen. Dank der netten Gruppe und der »Originalität« meines Onkels hatten wir sehr viel Spaß. Bei einigen seiner Kommenta-

Inges Onkel, der Trainer Fritz Templemann unterhält sich mit ihr auf seinem Reithof in der Nähe von Essen (2).

3

4

5

6

re zu unserer unvollkommenen Reitweise – »Du sitzt im Sattel wie deine Urgroßmutter im Schaukelstuhl« – konnten wir ein verstecktes Grinsen nicht unterdrücken.

Ich will damit nicht sagen, daß der nötige Ernst fehlte, ganz im Gegenteil – unser »Meister« unterrichtete mit einem ungeheuren Engagement und er verstand es uns Disziplin zu lehren; Pünktlichkeit, saubere Pferde und blank geputzte Stiefel waren oberstes Gebot – Widerworte unterlagen dem absoluten Verbot. Bei Mißachtung seiner Anweisungen mußten wir mehrfach auf- und absitzen, oder das Pferd an der Hand führend die Stunde fortsetzen. Die Fortschritte, die wir in kurzer Zeit machten, rechtfertigten jedoch die Strenge, die wir ohne Groll akzeptierten.

Von dieser Zeit an wurde meine Reiterei immer beständiger. Schon damals zeigte sich, daß die konsequente Betreibung eines sol-

Drei der Pferde, mit denen Inge bei Turnieren antritt: Pascal, Paquito und Don Benito (5 und 6). Inge mit Pascal (7).

7

8

9

10

Inge führt auf Pascal eine Piaffé aus (8 – 10).

12

13

chen Sports auch Opfer erforderte. So bin ich häufig um fünf Uhr morgens aufgestanden, um meinem Hobby nachkommen zu können.

Soweit ich mich erinnern kann, verbrachte ich ein Jahr damit unter der Aufsicht meines Onkels Pferde trocken zu reiten und sie später dann auch auf- und abzusatteln. Das Reiten der Pferde wollte wohl verdient sein und die Verwandtschaft zum »Meister« spielte nicht die geringste Rolle. Doch wenn es auch oft schwer war den anderen beim Reiten zuzusehen, habe ich es damals akzeptiert und bin heute für diese »Lehrzeit« dankbar.

Inge und Pascal führen eine Passage durch.

14

16

15

18

17

20

19

21

Im zweiten Jahr wurde mir dann das Lösen der Pferde gestattet, das ich mittlerweile durch ständiges Beobachten – zumindest theoretisch – schon beherrschte.

Durch einen Zufall hatte ich die Möglichkeit unter optimalen Trainingsbedingungen dazuzulernen. Wegen einer Operation konnte Onkel Fritz eine Zeitlang nicht reiten, wodurch mein lang ersehnter Wunsch, einmal eines seiner eigenen Pferde reiten zu dürfen, in Erfüllung ging. Jeden Morgen fuhr ich vor der Schule zum Stall, ritt drei seiner Turnierpferde und erhielt dabei Einzelunterricht. Es war eine anstrengende, aber lehrreiche Zeit, denn dem geschulten Auge des Meisters entging einfach nichts. Hier fiel wahrscheinlich die Entscheidung, daß aus mir eine Turnierreiterin werden sollte. – Ich wurde eine, mit Leib und Seele dem Dressursport verschrieben.

Zunächst stellte ich auf Turnieren Pferde vor, die bei meinem Onkel zur Ausbildung waren und dann nach und nach auch seine eigenen. Wurde eines dieser Pferde verkauft, und mußte ich mich an ein neues gewöhnen, war es nicht leicht für mich, besonders, wenn ich es ins Herz geschlossen hatte.

Die entscheidende Wende trat vor sechs Jahren ein, als Onkel Fritz den Rappen »Don Benito« für mich kaufte. Dieses Pferd zeichnete sich durch ein überragendes Talent aus und ich war glücklich bei seiner Ausbildung von Anfang an mitwirkenzu dürfen.

Don Benito und meinem Ausbilder habe ich eigentlich alles zu verdanken, was ich bis heute im Dressursport erreicht habe. Allerdings sind es nicht nur angenehme Erinnerungen, die ich mit der Reiterei verbinde. Es gab Tage, an denen ich bis zur Grenze meiner Leistungsfähigkeit trainieren mußte, an denen mir die Tränen kamen, weil ich glaubte, die an mich gestellten Erwartungen nie erfüllen zu können.

Eine der schönsten Bewegungen beim Dressurreiten ist der gestreckte Trab. Das Pferd scheint wahrhaftig über den Boden zu gleiten (21 – 25).

23

22

25

24

26

27

28

29

30

31

34

33

32

35

36

37

38

Don hat es mir ebenfalls nicht leicht gemacht. Als ein Pferd mit »Menschenverstand« fiel es ihm zunächst schwer, seinen Reiter zu akzeptieren und er versuchte immer wieder seine Stärke unter Beweis zu stellen. Wenn er die Hilfen des Reiters annahm, war er erfolgreich, das Problem war nur ihn soweit zu bringen. Was macht man mit einem Pferd, das sich weigert eine Halle oder einen Dressurplatz zu betreten? Ich erinnere mich gut an die von meinem Onkel und mir ausgedachten Tricks, mit denen wir ihn zu überlisten suchten. Es gab Turniere, wo ich ihn in die Halle führen mußte, oder wo es mir nur durch Rückwärtsrichten gelang, das gewünschte Ziel zu erreichen.

Einmal, es liegt schon einige Jahre zurück, wollte ich auf einem Turnier in Leverkusen mit Don Benito an einer Juniorenprüfung teilnehmen. Der Abreiteplatz war ungefähr zehn Minuten vom Stall entfernt, das Dressurviereck selbst wurde von Tribünen und Bäumen eingegrenzt, die die Sicht zum Abreiteplatz versperrten. Schon während des Lösens zeigten sich die ersten Schwierigkeiten. Don hatte sich den Weg vom Stall zu gut gemerkt und ungeachtet meiner »Hilfen« versuchte er immer wieder dorthin zu gelangen. Nur unter größten Anstrengungen konnte ich ihn auf dem Abreiteviereck hal-

Inge und Pascal (38) führen im Canter-Galopp eine Pirouette vor (26 – 37).

39

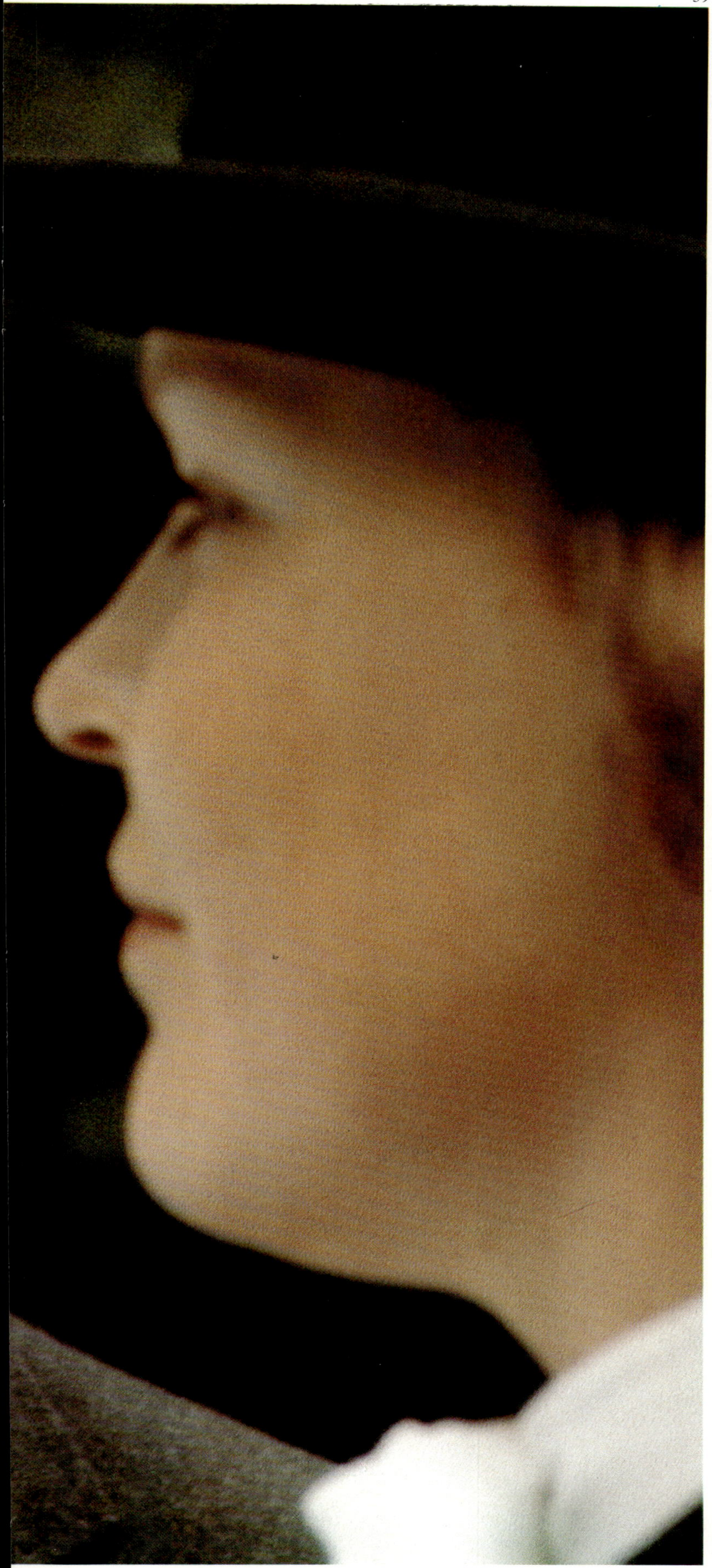

40

ten, nachdem er mit mir schon zweimal die Hälfte des Weges zum Stall zurückgelegt hatte. Meine Startzeit rückte näher, doch ich vermochte ihn nicht dazu zu bewegen mit mir das Dressurviereck zu betreten. Vielmehr zog es ihn zu einem Kastanienbaum am Rande der Zuschauertribünen. Erst nach einigen Minuten gelang es mir mit überhöhter Geschwindigkeit einzureiten. Aber der Erfolg war nur von kurzer Dauer: nach dem Gruß blieb Don in der ersten Ecke wie angewurzelt stehen und verharrte dort, meine verzweifelten Bemühungen ihn eines Besseren zu belehren ignorierend. Ich wurde disqualifiziert – Zeichen hierfür ist das Läuten einer Glocke. Der erste Ton war noch nicht verklungen, als Don die Ohren spitzte, sofort kehrtmachte, um in ausdrucksvollem starken Trab das Viereck zu verlassen.

Dies war mit Sicherheit das schlimmste Erlebnis während meiner bisherigen Reiterlaufbahn.

Zum Glück haben sich diese Anwandlungen seit vier Jahren gelegt, was ich nicht zuletzt meiner und der Geduld meines Onkels zuschreibe. Mit Gewalt hätten wir das heute bestehende Vertrauen zwischen Reiter und Pferd sicherlich nicht erreicht.

Vor einem Turnier gibt Fritz Templemann Inge in letzter Minute noch Anweisungen (39). Frau Templemann überprüft den Sitz von Inges Frisur und Jacke (40), die mit wichtigen deutschen Auszeichnungen versehen ist (41).

41

165

43

Einem solchen Vertrauensbeweis verdanke ich eines der schönsten Erlebnisse im Umgang mit Pferden.

Während der Schulzeit nutzte ich oftmals die Freistunden um einen kurzen Abstecher zum Stall zu machen.

Diesmal wurde ich schon vor der Reithalle durch ein Stimmengewirr aufmerksam – irgendetwas stimmte nicht. Ich betrat die Halle. Don Benito, wer sonst, hatte sich selbständig gemacht und mehrere Reiter, durch Fußvolk unterstützt, versuchten ihn zu umzingeln und einzufangen. Der Rappe schien allerdings nicht daran zu denken, seine soeben gewonnene Freiheit so bald aufzugeben. Während Don mit allen in der Halle sein Spielchen trieb, wagte ich auf Wetten einzugehen, ob er mir folgen würde oder nicht.

Etwas verunsichert durch den allgemeinen Argwohn begab ich mich in die Hallenmitte und rief ihn. Er spitzte die Ohren, galop-

Inge führt ihr Programm direkt vor den Preisrichtern vor (42, 43).

44

45

46

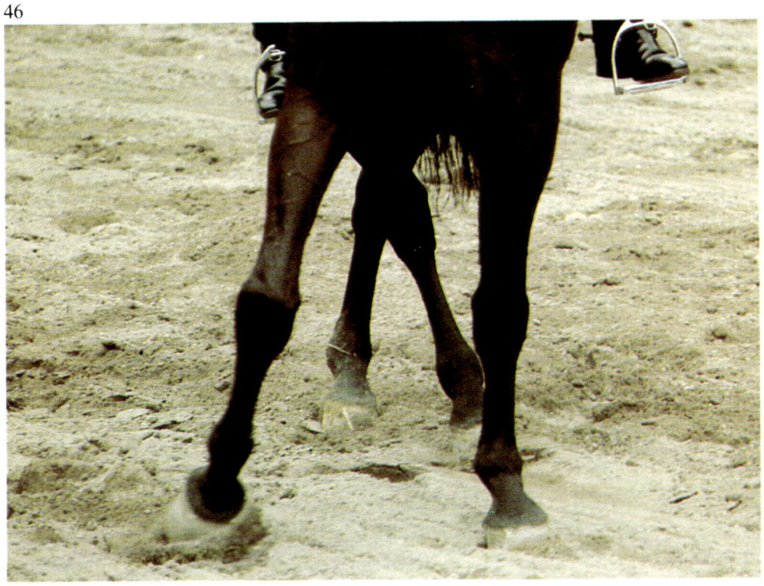

47

pierte sofort auf mich zu und blieb friedlich vor mir stehen, als wollte er ausdrücken: »na da bist du ja endlich«.

Dieses Erfolgserlebnis entschädigte mich vollends für den bis dahin noch ausstehenden Wettgewinn.

Don Benito und ich entwickelten uns durch Ausbildung des Meisters immer weiter, so daß wir innerhalb der letzten Jahre den Sprung über L-, M-, S-Dressur und den weiteren FEI-Prüfungen bis zum Grand Prix schafften.

Der bisher wohl größte Erfolg unserer gemeinsamen Laufbahn war der zweifache Sieg bei der Europameisterschaft der Junioren 1977 und 78, sowohl in der Einzel- als auch in der Mannschaftswertung.

Für mich persönlich war die erste Europameisterschaft ein größeres Erlebnis, weil ich als Einzelreiter, ja eigentlich als Außenseiter, die deutschen Farben vertrat. Nur durch den Ausfall eines unserer favorisierten Reiter wurde ich als Ersatz in die Mannschaft aufgenommen. Niemand rechnete mit einem erfolgreichen Abschneiden von Don und mir. Sehr wahrscheinlich war aber gerade dies entscheidend für den späteren Erfolg. Solange es nichts zu verlieren gibt, kann man nur gewinnen und ist bereit jedes Risiko einzugehen. Ich glaube, daß mir unter anderem durch diese Unbefangenheit der Sieg in allen drei zu reitenden Prüfungen möglich war.

Übrigens fand diese Europameisterschaft in Leverkusen statt, auf demselben Viereck, das Don ein Jahr zuvor nicht betreten wollte.

Die Voraussetzung für die zweite Europameisterschaft war psychologisch gesehen ungleich schlechter. Als Titelverteidiger erhält man automatisch die Rolle des Favoriten, die bei allen nicht zuletzt bei einem selbst, eine gewisse Erwartungshaltung auslöst. Somit bedeutet der Sieg letztendlich mehr die Erfüllung der an einen gerichteten Erwartungen, als das Erbringen einer besonderen Leistung. Gerade in solchen Situationen zeigt sich wie wichtig die Nervenstärke eines Reiters ist. Jegliche Unruhe überträgt sich sofort auf das Pferd und führt zu vermeidbaren Fehlern.

Zum Glück kenne ich keine Nervosität, wodurch ich sicherlich, manch anderen Reitern gegenüber, einen Vorteil habe. Jedenfalls gelang mir die Titelverteidigung.

Mittlerweile reite ich in der Seniorenklasse, unter anderem Grand Prix und Grand Prix Spezial, die schwersten der Dressurprüfungen, die auch auf der Olympiade verlangt werden. Sowohl an das Pferd, als auch an den Reiter werden höchste Anforderungen gestellt, deren Erfüllung bedeutend mehr Konzentration, Fähigkeiten und Routine erfordert. Hierdurch verstärkt sich allerdings auch der Reiz, der von diesen Prüfungen ausgeht. Jedesmal wird wieder von Neuem der ganze Einsatz von Reiter und Pferd gefordert, um eine dieser Aufgaben erfolgreich zu absolvieren. Bei der hohen Anzahl der geforderten Lektionen wird es immer Schwachstellen geben, die zu bewältigen sind.

Nach Abschluß der diesjährigen Turniersaison kann ich nur feststellen, daß es noch einer Menge Training und Routine bedarf, bis Don und ich einen wirklich guten Grand Prix zustande bringen.

Halbe Traversale: Die Pferdebeine treten über Kreuz, die Äußeren vor und über die Inneren (45–47)

49

50

Natürlich beschränkt sich meine Reiterei nicht nur auf dieses eine Pferd. Ich reite täglich, abgesehen vom Ruhetag, zwischen zwei und vier Pferde, von denen ich ebenfalls einige auf Turnieren vorstelle.

Wieviel Zeit ich am Stall verbringen kann, richtet sich nach der Arbeit, die das Studium mir abverlangt. Ich studiere im fünften Semester Germanistik und Theologie, was auch seine Zeit erfordert und obwohl ich gerne der Reiterei den Vorzug geben würde, steht der Beruf immer noch an erster Stelle.

Ich hoffe, daß auch in Zukunft eine Verbindung meiner beiden Lebensinhalte möglich ist.

Die Bewerber warten nervös (49) die Entscheidung der Preisrichter ab. Inge und Paquito werden mit ihren Nominierungen präsentiert (50 und 51).

165

VICKY SMALLWOOD USA

Ich hatte mehrere Saisonen hindurch Pferderennen für ein später zu erscheinendes Buch photographiert. Ich beobachtete und knipste aus jeder möglichen Perspektive und mit allen erdenklichen Belichtungszeiten – aber was immer ich auch anstellte, meine Photographien wurden nie überragend. Endlich gelangte ich einmal an ein europäisches Rennen, das immer noch am Meeresufer entlang am Strand ausgetragen wird. Damals endlich konnte ich die Bilder schießen, die ich schon so lange machen wollte.

Trotz allem erwies sich die Zeit, die ich scheinbar nutzlos an den vorangegangenen Bildern vergeudet hatte, durchaus nicht verloren. Da ich Pferderennen liebe, war mir keine Minute dieser aufregenden Vor- und Nachmittage auf den Rennplätzen zu lang.

So erwartete ich mit Freuden die Arbeiten für denjenigen Buchabschnitt, der mich auf Rennbahnen führen sollte, wo ich mich nicht auf das Zustandekommen von sensationellen Rennphotos kümmern mußte, sondern einfach den Alltag eines weiblichen Jockeys auf solchen Rennen dokumentieren sollte. Bei diesem Kapitel versicherte ich mich der Hilfe meines Freundes und Trainers Jim Fresques, der im Süden Kaliforniens eine Jockey-Schule betreibt. Es war Jims Frau Rita, die Vicky Smallwood beim Reiten auf Rillito Towns in Tucson, Arizona, entdeckte.

Jim flog mit mir von Los Angeles nach Tucson, wo ich gleich am nächsten Nachmittag mit Vicky zusammentraf und sie zu photographieren begann. Beim ersten Rennen hatte ich glücklicherweise eine Kamera auf das Ende der Rennstrecke fixiert und konnte somit den auf den nächsten Seiten abgebildeten Unfall dokumentieren. Pferderennen sind eine harte, gefährliche Angelegenheit und Vicky Smallwood hat in dieser auf Männer eingestellten Welt kein leichtes Leben. Einerseits schien sie ein guter Kumpel zu sein, andererseits eher ein schwieriger Zeitgenosse. Trotzdem mochte ich sie gut leiden und es wurde mir eine echte Herausforderung, sie während des Rennens zu photographieren.

Ich wurde vor achtzehn Jahren in Fort Worth in Texas geboren. Als ich acht war, wurde mein Vater als Sergeant der Marine der Vereinigten Staaten nach Cherry Point in Nord Carolina versetzt, wo wir bis zu seiner Pensionierung lebten. Danach übersiedelte die Familie auf eine Farm nach New Boston, Texas, und dort bekam ich auch mein erstes Pferd.

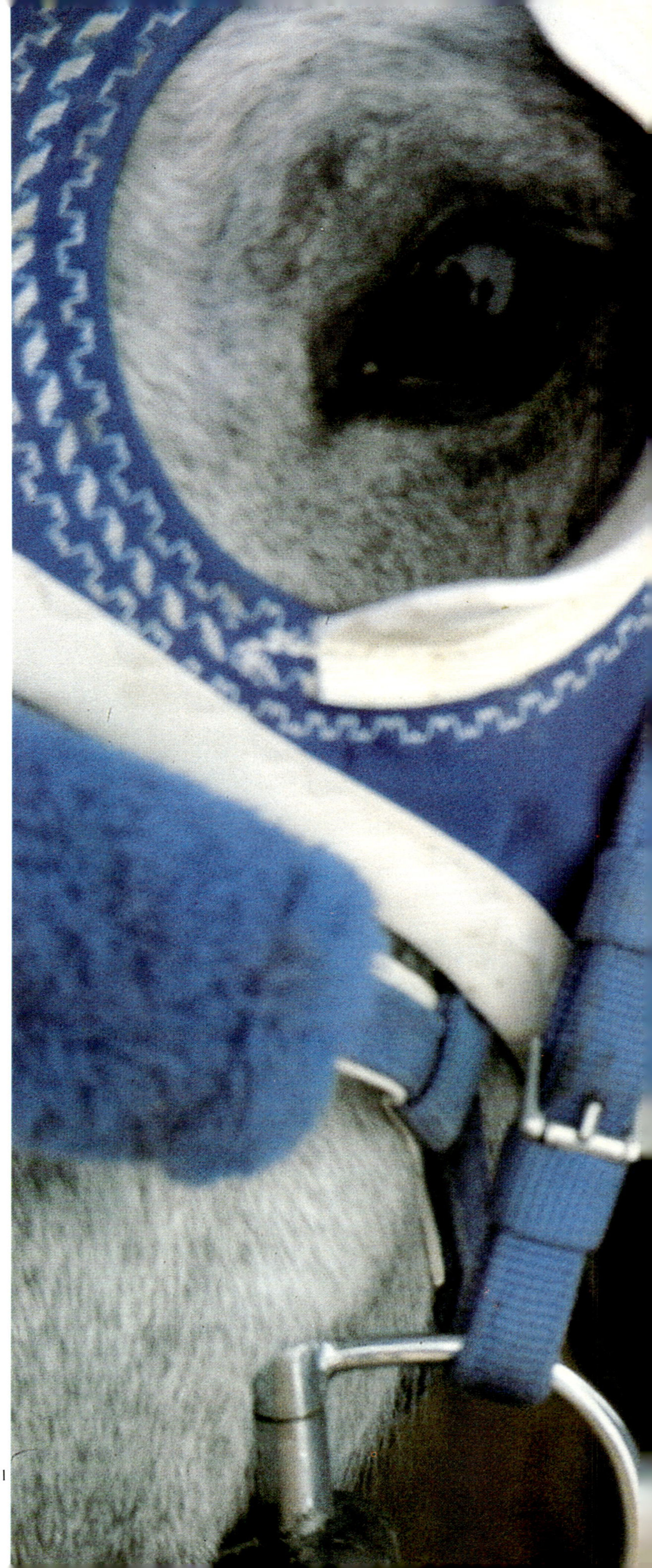

(1) Der in Texas geborene weibliche Jockey Vicky Smallwood mit einem Vollblutpferd, das sie gerade trainiert hat.

6

7

8

9

ich bis zu acht Ritten und verdiente pro Ritt fünf Dollar. Die Samstag- und Sonntagnachmittage verbrachte ich in den Zuschauerreihen und beobachtete meine Freunde bei den Rennen; daraus konnte ich viel lernen.

Mein Gott, wie sehnlich erwartete ich mein erstes wirkliches Rennen. Fast hätte ich schon bei einem Quarter-Horse-Rennen in New York mitmachen können, das sich »Parr Meadows« nannte. Ein Trainer, für den ich arbeitete, fragte mich, ob ich für ihn einspringen könnte. Da ich meiner Kenntnisse nicht so sicher war, bat ich um zwei Wochen Zeit, um meine Praxis weiter zu vertiefen. Danach konnte ich um eine Jockey-Lizenz ansuchen und für ihn reiten. Leider hatte ich Pech. Das Rennen wurde abgesagt und die Bahn innerhalb von zwei Wochen gesperrt.

Meine große Chance kam erst etwas später in Commonwealth, Kentucky, mit dem Trainer Howard Radiger. Natürlich gewann ich nicht; aber mir gelang es trotz Todesängste und Kribbeln im Magen auf meinem Pferd oben zu bleiben und eine ganz gute Zeit zu ma-

Vicky setzt ihren Helm auf (5) und wartet auf den Ritt (6). Von einem Trainer erhält sie Anweisungen (7). Nach der Durchquerung des Vorhofes (8) führt sie ihr Weg durch ein Tunnel und dann auf die Rennbahn (9).

10

chen. Bis zu meinen ersten Sieg ritt ich auf 92 Pferden die gleiche Anzahl von Rennen, von River Downs in Ohio über Delta und Evangeline Downs in Louisiana. Dann gewann ich gleich dreimal in Evangeline, obwohl außer mir und zwei anderen Mädchen nur Männer teilnahmen.

Als ich im September 1979 nach Arizona kam, ging ich sofort nach Globe, um ein wenig zu reiten. Mein schönster Tag in Globe war, als ich im Gila County Derby ein Langstreckenpferd reiten durfte und das Rennen um drei Längen gewann. Als dieses Rennen vorbei war, kam ich zur Rillito-Bahn in Tucson. Zwischen November und Februar habe ich dort mehrere Rennen gewonnen.

Mein Tag beginnt um sieben Uhr früh und endet ungefähr drei Stunden später. Ich melde mich im Stall und warte auf mein erstes Pferd. Die Pferde sind schon fix und fertig gesattelt, und ich muß nur meinen Helm und meine Reitgerte mitbringen. Der Trainer hilft mir auf den kleinen Übungssattel und gibt mir Hinweise über die spezifischen Eigenschaften des jeweiligen Pferdes. Ich führe das

Sobald die Pferde im Gatter sind, unterhält sich Vicky angeregt mit den anderen Jockeys (10). Als die Pferde auszubrechen versuchen, schreit Vicky ihr Pferd an (11). In weißem Seidenkostüm (12).

11

13

14

15

(13) Fast am Ende der Rennstrecke angelangt, bricht das zweite Pferd von links zusammen; es hat die Schulter gebrochen. In diesem Unfall werden zwei Pferde getötet. Vickys rotweiße Kappe mit den Initialen V S kann man an vierter Stelle von links erkennen (16).

16

17

18

19

20

21

22

(18) Es sieht aus, als ob die von links kommenden Reiter um das gestürzte Pferd herum reiten würden. Auf Bild Nr. 20 ist ganz deutlich ersichtlich, daß der direkt sich vor Vicky befindliche Jockey demnächst stürzen wird. (21) Vicky gelingt es gerade noch im letzten Moment ihr Pferd zu wenden (22 und 23), um nicht auch über die gestürzten Pferde zu fallen.

23

25

24

Tier zur Reitbahn für die Morgenarbeit. Nach zehn Minuten bin ich schon zurück. Dann übergebe ich das schwitzende Pferd wieder dem Trainer und warte auf das nächste.

Nach der Morgenarbeit besuche ich meistens Freunde in der Küche. Wir unterhalten uns über das für uns einzig wichtige Thema: Pferderennen. Ungefähr um elf Uhr bin ich dann wieder in meinem Appartement und sehe mir im Fernsehen »soaps« an (das sind rührselige, kitschige Liebesgeschichten). Unter der Woche gehen meine Freunde und ich abends in die Diskothek. Am Wochenende gehe ich wegen der Rennen meist früh schlafen.

Zum Glück habe ich bisher noch keine nennenswerten Stürze gebaut. Ich fürchte, daß mich das eines Tages auch treffen wird, aber

Vickys Gesichtsausdruck (25) benötigt keinen Kommentar mehr. Auf dem Schlußphoto zeigt Vicky die Spur des gestürzten Pferdes; man kann es direkt vor ihr sehen (26).

26

27

darüber denke ich besser nicht nach. Da ich nicht der Jockey-Vereinigung angehöre, habe ich keine Unfallversicherung. Bei einer Verletzung müßten dann die Rennorganisation und ich selbst für meine Genesung aufkommen. Solange aber das Glück auf meiner Seite steht, wäre eine Mitgliedschaft bei der Jockey-Vereinigung eine reine Zeit- und Geldverschwendung. Denn schließlich beschaffen die mir ja auch keine Arbeit. Warum sollten sie also daher einen Teil meines Verdienstes kassieren?

Die einzige Enttäuschung, die ich als Jockey erfahren mußte, war die Tatsache, nie einen wirklich guten Freund haben zu können. Solange ich die Rennen reite, kann ich mir rein zeitmäßig keine Feundschaften außerhalb der Pferdewelt erlauben; und nach Saisonschluß ist nicht gesagt, ob meine Freunde dieselben Pläne haben wie ich. Allerdings habe ich, seit ich nicht mehr zu Hause wohne, ein ausgesprochen gutes Verhältnis mit meiner Familie. Ich telephoniere oder schreibe ihnen zumindest einmal pro Woche und versuche, den Urlaub daheim zu verbringen. Als ich damals von zu Hause wegging, um der Reiterei zu frönen, waren meine Leute furchtbar aufgebracht und erbost, aber sie wußten genau, mich nicht zurückhal-

Fest im Sattel macht Vicky – ganz in Weiß – einen guten Start aus dem Gatter (27). Inmitten der Horde kämpft Vicky (in Schwarz) um eine gute Position auf einem schlammigen Weg (28 und 29).

28

29

JR
VS
5

31

32

33

34

35

36

37

38

ten zu können. Nachdem sie aber in der Zwischenzeit erkannt haben, mit welcher Hingabe ich in den letzten Jahren meine Arbeit geleistet habe, bieten sie mir jede mögliche Unterstützung.

Die Rennwelt bietet uns jungen Leuten bergeweise Schwierigkeiten. Wer neu dabei ist, bekommt meist nur zweitklassige Pferde zu reiten und hat daher fast keine Gewinnchancen. Aber nur nach gewonnenen Rennen kann man bessere Pferde bekommen. Abgesehen von den Galoppgebühren verdient ein Durchschnittsjockey ungefähr 25 Dollar pro Rennen, wobei es aber auch auf die Wichtigkeit des Rennens ankommt, und bei Gewinn zehn Prozent des Einsatzes.

Wenn eine Bahn zusperrt, folgen die Jockeys meist einem Trainer, der sie darum gebeten hat oder für den sie gerne reiten, zum nächsten Rennen. Ich hoffe, daß eines Tages ein Toptrainer meinen

Auf dem schnurgeraden Heimritt kämpft Vicky in rasendem Galopp um den Führungsplatz (30 – 38).

39

40

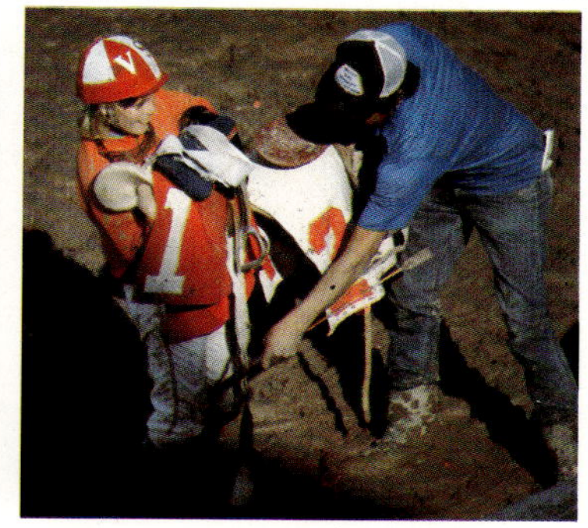

41

42

Stil schätzen und mich bitten wird, für ihn an einem großen Rennen teilzunehmen. Denn ein Jockey kann nur reich werden, wenn er ein Pferd mit hohen Einsätzen reitet. Trotzdem bin ich mir meiner Zukunft nicht allzu gewiß. Es ist schwer, an die großen Rennen heranzukommen, und noch dazu als Mädchen. Die meisten Zuschauer sind nämlich immer noch nicht überzeugt, daß eine Frau genausogut reiten kann wie ein Mann. Ich habe es auch nicht notwendig, meine Eßgewohnheiten zu ändern, um innerhalb der Toleranzgrenzen des erlaubten Gewichtes zu bleiben.

Ich hoffe, daß ich noch mindestens weitere zwanzig Jahre reiten kann. Andernfalls werde ich wahrscheinlich Hausfrau sein, obwohl ich nicht vorhabe, vor dem fünfundzwanzigsten Lebensjahr zu heiraten. Mein größtes Ziel zur Zeit ist, genug zu verdienen, um ein Lastauto und einen Pferdeanhänger kaufen zu können; dann bleibe ich dem Reiten treu und hoffe, hie und da einen Auftrag zu bekommen: auf einem guten Pferd, in einem guten Rennen und in einer guten Bahn.

43

Das Lächeln der Gewinnerin (40 und 41). Auf der Abbildung Nr. 42 zeigt Vicky auf sich selbst, die mit Pferd Nr. 5 gewinnen will. Während sie auf ihr nächstes Rennen wartet, studiert sie das Programm und scherzt mit den anderen Jockeys (43).

CLAUDIA FEH
Frankreich

Eines Tages bemerkte ich beim Photographieren auf dem Biologieforschungszentrum von Tour du Valat in der Camargue, daß ich von einer jungen Frau durch ein Fernrohr beobachtet wurde. Ich winkte ihr zu, aber sie ignorierte mich und ging ihres Weges – mitten in die Herde, die ich zuvor photographiert hatte; von Zeit zu Zeit blieb sie stehen, um etwas in ein Tonbandgerät zu diktieren.

Das war meine erste Begegnung mit Claudia Feh, einer scheuen jungen Schweizer Biologin, die in den vergangenen sechs Jahren Nachforschungen über Ökologie und Sozialverhalten von in der Camargue wildlebenden Pferdeherden betrieben hatte. Als wir noch an diesem Abend in etwas formellerer Form einander vorgestellt wurden, fragte ich sie, was sie denn dort auf der Weide getan hätte. »Ich habe Sie beobachtet,« gestand sie mir, »ich bin sehr heikel wegen der Pferde und wollte sicher gehen, daß sie durch Ihre Anwesenheit nicht gestört werden!«

Ich verbrachte in Tour du Valat sechs Tage, photographierte und unterhielt mich mit Claudia stundenlang über Pferde. Wir wurden letzten Endes dicke Freunde. So war es also diese scheue junge Frau, deren größte Sorge darin besteht, daß die Leute diese von ihr heißgeliebten und lange Zeit unter den schwierigsten Bedingungen beobachteten halbwilden Geschöpfe romantisch überbewerten und vermenschlichen könnten, an die ich zuerst dachte, als ich mich endlich entschlossen hatte, mit den Arbeiten für dieses Buch zu beginnen.

Als ich geboren wurde, gab es mitten in Zürich freilich keine Pferde. Auch während meiner Kindheit, die ich ebenfalls in dieser Stadt zubrachte, sah ich nur ganz wenige. Aber wie jeder wollte natürlich auch ich ein Pony auf dem Balkon haben. Ich meinte, ein Pony wäre besser als ein Pferd, weil es kleiner sei. Als meine Eltern mir erklärten, ein Pony würde auf dem Balkon nur unglücklich sein, begann ich Frösche zu züchten – und zwar recht erfolgeich: bald hüpften zweiunddreißig Frösche fröhlich herum; bisweilen ergriffen sie auch von der ganzen Wohnung Besitz. Da meine Mutter Hemmungen hatte, den übrigen Mitbewohnern des Gebäudes den Ursprung dieser Reptilienplage zu erklären, mußte ich sie leider wieder zurück in den Teich bringen.

Als ich fünf war, gingen meine Eltern zum ersten Mal ohne meinen Bruder und mich allein auf Urlaub in die Provence und in die Camargue. Meinem Bruder brachten sie ein schwarzes Spielzeugtier und mir ein kleines Porzellanpferd mit.

(1) Die Verhaltensforscherin für Pferde Claudia Feh mit ihrem eigenen Camargue-Pferd.

2

3

Die einzige Möglichkeit in der Schweiz an Pferde heranzukommen, bestand beim Reiten. Mit zehn hatte ich genug Geld zusammengespart, um mit Reitstunden beginnen zu können. Dieses Geld war zwar bald verbraucht, aber ich hatte in der Zwischenzeit eine billigere Reitmöglichkeit ausfindig gemacht: ich bewegte Pferde für andere Leute. Die meisten von ihnen waren noch sehr jung und schwer zu reiten.

Als ich mit sechzehn Jahren zum ersten Mal allein in die Camargue reiste, war ich nach einem Beinbruch noch nicht wieder ganz hergestellt. Eines der jungen, schwierigen Pferde hatte mich gleich dreimal gegen eine Wand geworfen – das war entschieden zu oft. Wahrscheinlich war das der Grund, warum ich die Camargue bis heute nicht vergessen kann. Auch war es für mich das erste Mal, eine Gruppe von Pferden auf einem riesigen Feld zusammen spielen zu sehen. Sie schienen zu lachen – und ich starrte sie solange an, bis ich selbst lachen mußte. Ich glaube, in diesem Moment war die Idee geboren, eines Tages hier zu leben.

Auch nach dieser Entscheidung konnte ich die nächsten drei Jahre nur davon träumen und das Ende des Gymnasiums abwarten, was mir die Sache gründlich versauerte. Nach Abschluß der Schule blieb nichts anderes mehr zu tun, als nach all diesen Träumereien endlich in die Camargue zu ziehen und dort zu leben.

(2) Claudia spaziert von der Pferdeweide zum Forschungslabor. (3) Claudia mit (von links nach rechts) Dr. Patrick Duncan, dem Direktor des Pferdestudienprogrammes von Tourru du Valat, Bettina Hugues, einer der Organisatorinnen des Forschungsprogrammes und Ddr. Luc Hoffman, dem Begründer und Direktor des Forschungscenters. Manchmal verwendet Claudia das Fahrrad, um vom Forschungslabor zur Pferdeweide zu gelangen (4).

4

Durch den Freund eines Freundes hörte ich von der Existenz einer dort ansässigen biologischen Station; daraufhin schrieb ich sofort einen Brief dorthin. Dieses Zentrum war damals in erster Linie eine ornithologische Brutstation. Sie brauchten Leute zum Kontrollieren der Nester und zum Abzählen der Vögel. Für derartige Arbeiten hatte ich zwar keinerlei Qualifizierungen, aber Bettina, ein in dieser Organisation arbeitendes Mädchen, meinte, ich wäre für diese Arbeit wie geschaffen. Zwei Monate später kam ich in der Camargue an und glaubte, der glücklichste Mensch auf Gottes Erdboden zu sein. Und ich habe meine Meinung darüber bis heute nicht geändert.

Es war für mich das erste Mal, daß ich wirklich passionierte Menschen kennenlernte – begeistert von ihrem eigenen Leben. Die Arbeit war ein Teil davon, vielleicht der wichtigste. Doktor Hoffmann konnte stundenlang über die Erhaltung des Lebens in der Wildnis erzählen, Heinz über seine Reiher, Alan über Flamingos, John über seine Vogelexpeditionen und Herbert über jeden Vogel schlechthin. Es gab nur ein Ziel: die Erhaltung der Natur; und eine Philosophie: jeder hat das Recht, sein eigenes Leben nach eigenem Gutdünken zu leben.

Unter all den Vögeln vergaß ich aber nicht meine Pferde. Es gab sie überall, sie lebten Tag und Nacht im Freien und waren ganz sel-

5

6

7

8

ten zur Arbeit mit den Stieren eingeteilt. Jeden Mittwoch ritt ich ins Reservat, das 32.000 Acker groß ist. Das bedeutete, neun Stunden zu reiten, ohne einen Menschen oder ein Haus zu erspähen; nichts als Vögel, Wasser, Salzablagerungen und die Ohren meines Pferdes.

Nach einem Jahr wollten mich Doktor Hoffmann und Bettina wieder ernsthaft an der Universität Zürich studieren sehen. So be-

(5) Das Pferdereservat ist eine halbwilde Welt, die auch von vielen Vogelarten, wie beispielsweise dem hier abgebildeten Sumpfreiher, bewohnt wird. Wenn sich ein Pferd nähert (6), muß sich der Beobachter komplett ruhig verhalten und auch erdulden beschnüffelt zu werden (7), bis das Pferd wieder von dannen zieht (8).

9

gann das Träumen von neuem. Doch diese Träume waren nun viel konkreter geworden, denn ich hatte mein eigenes Pferd, ein kleines Mietshaus und das Land, das ich liebte, zurückgelassen.

Während meines ersten Universitätsjahres schützte ich fünf Monate lang vor, mich auf meine Chemieprüfungen vorzubereiten; in Wirklichkeit aber verbrachte ich die meiste Zeit in der Camargue. Ich arbeitete in erster Linie für den Schweizerischen World Wildlife Fund – und mußte Holz hacken, um während des Winters so etwas Ähnliches wie menschliche Lebensbedingungen in meinem fünfräumigen Haus zu schaffen. Ich besaß ein Moped, um in die fünf Kilometer entfernte nächste Ortschaft gelangen zu können; die zweitnächste lag ungefähr dreißig Kilometer entfernt. Da mein Moped aber an feuchten Tagen nie funktionieren wollte, blieb ich auch oft zu Hause oder ritt mein Pferd, das ich damals geradezu zu einem »Siestapferd« erzog. Ich dachte nämlich, daß es wunderbar sein müsse, auf einem Pferderücken eine gute Stunde zu liegen und auszuruhen und in Muße die Wolken und Sterne zu betrachten – natürlich ohne Sattel, Zaumzeug oder Sonstiges. Etliche Jahre später gelang mir das auch.

Während dieses Jahres reiften meine bis dahin nur vorgezeichneten Entschlüsse: ich wollte mit und für wildlebende Tiere leben und arbeiten. Ich wollte ihr Leben kennenlernen und verstehen. Dann erreichte mich eines Tages ein Brief von Bettina: »Wir haben vor

Claudia, die immer ein Tonbandgerät bei sich trägt (9), verbringt viele Stunden zusammen mit der Herde, um abzuwarten, welches Verhalten sich zu registrieren lohnt, wie beispielsweise gegenseitiges Berühren (10 und 11).

10

12

13

14

kurzem dreizehn Pferde in ein 800 Acker großes Weidegebiet in Tour du Valat ausgelassen, um ein fünfjähriges Forschungsprojekt über Ökologie und Sozialverhalten einer wildlebenden Herde in der Camargue zu starten. Wie wollen die Beobachtungsmethoden testen und noch diesen Frühling beginnen. Würden Sie uns als Assistentin bei den Außenarbeiten helfen?« Gleich am ersten Tag nach

(12) Zwei Hengste beschnüffeln einander intensiv. Sobald sich das linke Pferd aufbäumt (13), droht das rechte: es fletscht die Zähne und rollt die Augen. Hier sieht man das rechte Pferd, das zum Angriff droht (14). Beide Pferde bäumen sich gegeneinander auf (15).

15

16

meiner Rückkehr in die Camargue ging ich mir die Pferde ansehen; ich blieb in einiger Entfernung stehen und beobachtete sie durch den Feldstecher. Ich wollte ganz sicher gehen, daß es auch wirklich wildlebende Pferde bleiben sollten, und daß niemand das Recht habe, sie in diesen fünf Jahren auch nur zu berühren.

Dann begannen wir: zwei Teams zu jeweils zwei Personen arbeiteten bewaffnet mit Tonbandgeräten, Stoppuhren und Feldstechern in vierstündigen Schichten von sieben Uhr früh bis sieben Uhr abends. Alle fünf Minuten wurde die jeweilige Hauptbeschäftigung eines jeden Pferdes festgehalten – ob es gerade graste, stand, ruhte, lag, ging usw. Jede halbe Stunde zeichnete derselbe Beobachter einen Plan mit den Standorten aller Tiere, um später ausarbeiten zu können, welches Pferd die meiste Zeit welchem am nächsten verbracht hatte. Jede volle Stunde wurde ein exakter Lageplan der Herde auf einer Vegetationsübersichtskarte vom ganzen Weidegebiet angelegt. Der zweite Beobachter verfolgte jedes einzelne Pferd

Hier beobachtet Claudia das Verhalten von Pferden: (17) sie kratzen sich mit den Zähnen; (18) Gähnen; (19) Schnappen: das ist eine sekundäre Reaktion eines bedrohten Fohlens; (20) Kratzen mit einer Hufspitze; (21) Beziehungen im Hengstharem: der Führungshengst ist das von Claudia am nächsten befindliche Pferd; (22) Füttern.

21

17

18

19

20

22

23

24

25

26

27

28

29

fünfzehn Minuten lang und sprach alle sich ergebenden Beziehungen mit den anderen Tieren auf Band.

Der erste Beobachtungsabschnitt dauerte vier Monate von März bis Juni und wurde im November fortgesetzt. Im zweiten Jahr wurden die Untersuchungen hinsichtlich Ökologie intensiviert. Patrick, der Ökologe, beschloß, die Pferde künftig auch während der Nacht zu beobachten, und so hatten wir einen 48-Stunden Arbeitsrhythmus. Ein ganzes Jahr hindurch sollte ein fünfköpfiges Team zweimal im Monat die Pferde ununterbrochen für zwei Tage und zwei Nächte beobachten, um deren Angewohnheiten im Wechsel der Jahreszeiten zu ermitteln. Wieder notierten wir in vierstündigen Schichten alle fünf Minuten sämtliche Handlungen eines jeden Pferdes; wir nahmen dabei einen Lichtverstärker zu Hilfe. Ein zweiter Beobachter blieb im Labor zurück, um am Empfänger des Sprech-

(24 – 40) Claudia studiert einen spielerischen Kampf, der mit Schnauben (24) beginnt, dem dann Ausschlagen und Beißen folgen (26 und 27). Sobald ein drohender Schlag verabreicht wurde (28), ziehen die jungen Hengste einander an den Mähnen und bäumen sich auf (29 – 32).

30

31

32

33

34

37

35

36

gerätes auf etwaige Hilferufe unsererseits zu warten, falls sich die Herde in Untergruppen aufsplittern sollte oder sich zu weit auseinander verlief.

Wir mußten unsere Arbeit fast nie aufgeben, aber ich erinnere mich an eine Nacht, in der Sue, Patrick und ich fast blaugefroren am Weg kauerten und von den Pferden in dieser nebeligen Nacht keinen einzigen Lauf vernehmen konnten. Damals mußten wir die Arbeit am nächsten Tag wiederholen.

Die Herde machte in diesen beiden Jahren allerhand Veränderungen mit. Im ersten Frühling wurden sechs Fohlen geboren, im zweiten sieben. Darius, der Anführer der Hengste, war immer noch der einzige erwachsene Hengst, aber G-4, der dreijährige Sohn der rangältesten Stute Nr. 9, begann sich allmählich auch für andere Stuten zu interessieren. Er hatte sich von der Seite seiner Mutter ge-

38

Sobald der Hellgraue blufft (35), schnappt ihnen sein Gegner am Nacken (36 und 37). Das dunkle Pferd hält das hellere weiterhin fest im Biß am Nacken (38, 39 und 40). Diese spielerischen Kämpfe können bis zu einer halben Stunde andauern.

39

40

41

42

45

48

51

löst und sich einer von Darius Stuten genähert, die er nun den ganzen Tag auf Schritt und Tritt verfolgte. Er deckte gleich auch alle übrigen Stuten von Darius. Aber diese Situation hielt nicht. Nach einigen Kämpfen mit Darius (bei denen niemand verletzt wurde) mußte G-4 die Herde verlassen. Er ging dann hinüber zu den anderen Junghengsten, die seit Beginn unserer Forschungen im südlichen Teil der Weide allein lebten. Das war der Anfang der Hengstgruppe.

Zu Beginn des dritten Forschungsjahres begann ich meine eigenen Studien über die Entwicklung des Sozialverhaltens vom Hengst. Professor Tschanz von Bern (der zusammen mit Bettina ursprünglich die Idee zu diesem Forschungsvorhaben hatte) erklärte sich einverstanden, meine Arbeit wissenschaftlich zu betreuen und Patrick sagte mir auch seine Hilfe zu. So wurde ich an der Universität von Marseille Studentin, um an dieser außeruniversitären Thesis arbeiten zu können.

Im darauffolgenden Mai begann ich eine Versuchsreihe, um die von mir gewählten Methoden zu überprüfen. Nach zweiwöchiger Beobachtungszeit begannen die Hengste plötzlich fast zu gut mitzuarbeiten. Darius verjagte innerhalb von drei Wochen gleich fünf der jungen männlichen Tiere aus der Herde, die dann alle der Hengstgruppe im Süden beitraten. Auf einmal wurden die Zwischenbeziehungen unter den Tieren so zahlreich, daß ich nicht mehr wußte, wohin ich zuerst schauen sollte. Ich verbrachte bis zu fünfzehn Stunden am Tag draußen auf der Weide. Aber dann beruhigte sich die Lage wieder und für mich begann die zähe Arbeit der Langzeitbeobachtungen von neuem: fünf Tage pro Woche, drei Wochen pro Monat, Monat für Monat, zweieinhalb Jahre lang. Wenn ich von der Weide zurückkam, mußte ich meine Tonbänder auf eigene Bogen

Ernsthafte Kämpfe unter den erwachsenen Tieren dauern für gewöhnlich nur Sekunden. Die beiden von Claudia unter Beobachtung stehenden Hengste bedrohen einander (42, 43 und 44), bevor sie sich aufbäumen (45). In den meisten Kämpfen hat es den Anschein, als wäre davor die Vereinbarung getroffen worden, das keines der Pferde zu fest geschlagen oder gebissen wird. Dieses stille Übereinkommen wird hier gezeigt (46 – 50); daraufhin fallen beide Pferde wieder auf den Boden (52).

43

44

46

47

49

50

52

53

54

umschreiben und die Auswertungen analysieren. Der erste Winter war sehr ruhig; die von mir unter Beobachtung stehenden einzelnen Hengste blieben an der Seite ihrer Mütter, Schwestern oder Brüder und spielten gelegentlich miteinander.

Es wurde wieder Frühling und damit kam auch wieder Leben in die Herde. Die ältesten Tiere aus der Hengstgruppe statteten der Herde einen Besuch ab. In den ersten Tagen verweilten sie in einer gewissen Distanz und beobachteten Darius Stuten. Danach gingen sie zur Attacke über. G-4 versuchte zwei Stuten zu entführen und HH-4 machte sich an eine der alten Stuten heran. Darius mußte gleichzeitig gegen drei Hengste kämpfen. Achtundvierzig Stunden später mußte er, nach praktisch ständigen Konfrontationen und Zusammentreiben seiner Herde, aufgeben. Er war bis zur Unkenntlichkeit entstellt. Er blutete aus einer Wunde an den Nüstern, ließ den Kopf tief herunterhängen und war von oben bis unten mit Schlamm bedeckt; er hatte fast Mühe, sich vorwärts zu bewegen. G-4 zog mit seiner Stute ab und HH-4 blieb inmitten der Herde.

Danach kehrte wieder Ruhe ein und wir mußten bis zum nächsten Frühling auf neue große Ereignisse warten. Während des folgenden Jahres verlor Darius laufend weitere Stuten an die anderen Hengste, bis ihm schließich nur mehr die beiden ältesten blieben.

Die gegenwärtige Situation ähnelt sehr der von anderen wildlebenden Pferden und Zebras her bekannten: es gibt mehrere Gruppen, von denen jede aus ein oder zwei erwachsenen Hengsten und ein bis vier Stuten samt Nachkommenschaft besteht; letztere bleibt normalerweise für zwei bis drei Jahre in diesem Gruppenverband.

Ein graues Fohlen, das ein braunes foppt, zieht Claudias Aufmerksamkeit auf sich (54). Nachdem das braune Fohlen an der Mähne gezogen wurde, flieht es und das andere rennt ihm nach (54). Dabei rennen sie fast Claudia nieder (56 und 57).

55

56

57

58

Üblicherweise schließen sich die jungen Stuten dann zusammen, sobald sie ihr erstes Fohlen geboren haben.

Die engste Bindung in der Pferdewelt ist die zwischen Mutter und Fohlen, steng gefolgt von der Geschwisterbeziehung der Fohlen untereinander, dann die von Hengsten zu Stuten und von jungen Pferden zu anderen jungen Pferden. Heute, sechs Jahre nach Forschungsbeginn gibt es hier neunundachtzig Pferde. Die Herde verbringt die meiste Zeit zusammen und die einzelnen Untergruppen sind nur in den Ruhepausen eindeutig erkenntlich. Die neun erwachsenen Hengste kennen die Kraft und die Stellung der anderen sehr gut. Von Zeit zu Zeit wird gekämpft, aber viel öfter begehen sie ihr Hengstritual. Beim Kämpfen scheinen sie bemüht zu sein, einander nicht gegenseitig zu verletzen. Warum sollten sie auch? Sie können ja alles, was sie brauchen, auch ohne gegenseitiges Verletzen haben.

In diesen fünf Jahren haben sich die Pferde von Haustieren zu freilebenden Tieren entwickelt. Ich mußte meine Außenarbeiten aufgeben und schreibe im Moment an meiner Dissertation. Meine Pferde gehe ich nach wie vor gelegentlich besuchen und manchmal träume ich noch von einer wirklich wildlebenden Herde, die ohne Weideumzäunung lebt.

Auf der Veranda ihres Hauses überträgt Claudia ihre Aufnahmen vom Tonbandgerät (58). Claudias reitet ihr eigenes Pferd durch das Gestrüpp (59), gefolgt von einem Esel und einem wilden Camarguepferd.

59

EPILOG

60

Während ich von Land zu Land reiste, lernte ich viele Mädchen kennen, die ihre Karriere mit Pferden gemacht hatten. Aber keine berührte mich so sehr wie Andrea Boeton, eine stille, junge Frau, die eine wunderbare Landschaftsmalerin ist und aus Portland, Oregon, stammt. Ich traf Andy während ich Debi Jensen im Raintree Egyptian Stud photographierte.

Andy kam oft zu Besuch auf die Ranch und beobachtete still, was wir mit den Pferden machten; manchmal photographierte sie uns bei der Arbeit. Außer, daß wir und hin und wieder Guten Tag sagten, hatte ich nicht viel mit ihr gesprochen und würde jetzt nicht mehr an sie denken, wäre sie nicht an meinem letzten Abend nach Raintree gekommen, um mir folgenden Brief zu geben:

Ich bilde mir nicht ein, Ihnen sagen zu können, wie Sie Ihre Kunst auszuüben oder Ihre Bücher zu schreiben haben; ich bin sicher, daß viele Leute ihre Vorschläge gemacht haben – gute, schlechte und andere ... Ich möchte Folgendes nur zu Ihrer Überlegung festhalten. Bitte, vergessen Sie nicht die Mädchen, die Pferde mit ihrer ganzen Seele lieben, aber nie selber eines haben können.

Ich glaube, daß fast jedes Mädchen, das ein Pferd gesehen oder mit Pferden zu tun gehabt hat, davon träumt, eines zu be-

sitzen. Aber wenn sie älter werden, werden diese Träume zu einem Wunsch, der sich verflüchtigt und oft ganz verschwindet, sobald sie in das Alter kommen, in dem junge Männer für sie wichtig werden. Es gibt sogar Mädchen, die ein Pferd oder Pony besitzen, das letzten Endes dann nicht mehr gebraucht wird, nicht mehr geliebt und dann verkauft wird, sobald ein Freund und dann ein anderer in deren Leben tritt.

Aber dann gibt es immer noch Mädchen, die Pferde über alles lieben – aber nie eines besitzen können. Einige der Gründe sind finanzieller Natur oder auch oft das feldende Interesse oder Verständnis seitens der Familie und das Nichtvorhandensein von genügend Raum. Diese Mädchen folgen ihren pferdebesitzenden Freunden zu den 4-H Wettbewerben, Shows und auch nur zum Gestüt, wenn diese ausreiten. Sie sitzen auf dem Zaun und blicken dem Pferd nach, wie es zwischen den Bäumen verschwindet ... und sitzen ... warten, wünschen, hoffen und träumen. Wenn das Angebot gemacht wird, selbst zu reiten, wird dieses dankbar und freudig angenommen. Auch wenn es nur für eine Runde in der Arena ist – der Moment wird geschätzt.

Mit dem Älterwerden wächst der Hunger und die Sehnsucht – aber mit der zunehmenden Verantwortung und Reife, die mit dem Alter kommen, werden sie gezwungen, diese Sehnsucht zu unterdrücken – aber nicht ihre Liebe. Es kann vorkommen, daß plötzlich ein Pferd zu bekommen wäre. Du planst und rechnest in blinder Hoffnung alle finanziellen Möglichkeiten durch – nur um dann realistisch zu erkennen, daß das benötigte Geld für den Kauf mit allem was du hast, nicht ausreicht. Du gibst auf. Du weinst.

Die Liebe bleibt bestehen – und sie wird nie weniger, obwohl du ihr befiehlst, sich zu verstecken. Nur die Hoffnung ist ein Lichtblick, der dir weiterhilft. Sollten Sie je diese Mädchen auf Ihren Reisen treffen – bitte, erwähnen Sie sie mit den anderen.

Es war dieser Brief, der mir klar machte, daß die Debi Jensen, die Inge Schultzes und die Mercedes González nur eine Handvoll jener Mädchen darstellen, die Pferde lieben. Es gibt Tausende und Abertausende von Mädchen wie Andrea Boeton, die Pferde genauso heiß verehren, aber niemals selbst eines besitzen werden. Vielleicht veranlaßt die junge Frau in diesem Buch andere, stark genug danach zu drängen, um eines Tages selbst zu einem eigenen Pferd zu kommen. Für den Großteil jener, die wie Andrea niemals diese Möglichkeit haben werden, hoffe ich, daß ihnen das Teilhaben am Leben der hier festgehaltenen elf Mädchen ein freudiges und aufregendes Erlebnis sein wird. Dieses Buch wäre nicht vollständig, würde das letzte Kapitel nicht Andrea und allen anderen, die die Mehrheit der in Pferde verliebten Mädchen ausmachen, gewidmet sein.

DANKSAGUNG

Mein innigster Dank geht an folgende Personen, deren Mitarbeit mir sehr wertvoll war:

Kanada (Calgary) – Ron Cole, Don Flemming und Bary Coleman; USA (San Juan Bautista, Kalif.) Elizabeth Searle, Jeff Morre, Jovce Post und Inez Fort, (Hollywood, Kalif.)

Die Hersteller von: Littel House on the Prarie und von Charlie Chan und von Curse of the Dragon Lady, Carl Pitti, Jeff Ramsey, Kurt Vavra, Dick Broün, Darlene La Madrid, (Oregon) – Betty und Bill Notley, (Arizona) – Jim Fesques, Heather Ramsey, Jom Wilson und Bob Allison, (Bise, Idaho) – Jack und Alice Blake, Shannon Fleming und Alice Southerland; England – Marilyn Tennent; Mexico – Anita Sentovic, Jorge D. Soler, Rosalinda Soler Gutierrez, Maria Antinea Soler Solis, Antonio Soliz, Guadalupe Soler de Juarez und die Mitglieder von: Escaramuza Charra of Tijuana; Deutschland – Fam. Fritz Tempelmann, Bernard Schule, Wendy Snowdon und Ole Hoyer; Frankreich – Dr. Luc Hoffmann und Patrick Duncan; Spanien – Alfonso Gonzalez, Alvaro Domecq Romero, Luis Ramos Paul, Paco Munoz, Edla Teele und den Reitern der Andalusischen Hohen Schule der Reitkunst.

Der Film für die meisten Fotos war Ektachrome 200. Kamera: Nikon FS mit Motor-drive, eine 50-300 Nikkor Zoom Linse und eine 28 mm Weitwindel-Linse.